中国文化产业的
金融供给侧结构性改革研究

乌　画◎著

Research on Financial Supply-Side Reform
of China's Cultural Industry

中国财经出版传媒集团

经济科学出版社
Economic Science Press

·北京·

图书在版编目（CIP）数据

中国文化产业的金融供给侧结构性改革研究/乌画
著 . - - 北京：经济科学出版社，2024.3
ISBN 978 - 7 - 5218 - 5741 - 2

Ⅰ.①中…　Ⅱ.①乌…　Ⅲ.①文化产业 – 金融支持 –
研究 – 中国　Ⅳ.①G124②F832.48

中国国家版本馆 CIP 数据核字（2024）第 063698 号

责任编辑：郑诗南
责任校对：王京宁
责任印制：范　艳

中国文化产业的金融供给侧结构性改革研究
乌　画　著
经济科学出版社出版、发行　新华书店经销
社址：北京市海淀区阜成路甲 28 号　邮编：100142
总编部电话：010 – 88191217　发行部电话：010 – 88191522
网址：www. esp. com. cn
电子邮箱：esp@ esp. com. cn
天猫网店：经济科学出版社旗舰店
网址：http://jjkxcbs. tmall. com
北京密兴印刷有限公司印装
710 × 1000　16 开　9.25 印张　130000 字
2024 年 3 月第 1 版　2024 年 3 月第 1 次印刷
ISBN 978 - 7 - 5218 - 5741 - 2　定价：38.00 元
（图书出现印装问题，本社负责调换。电话：010 – 88191545）
（版权所有　侵权必究　打击盗版　举报热线：010 – 88191661
QQ：2242791300　营销中心电话：010 – 88191537
电子邮箱：dbts@ esp. com. cn）

前　　言

　　新常态下，我国宏观经济管理的重点逐渐从需求端转向供给端，供给侧结构性改革是当前中国全面深化改革的主要内容。文化产业具有经济和文化的双重属性，在经济转型和文化守正中被赋予重任，是供给侧结构性改革的重点领域。我国文化产业一直存在金融有效供给不足、供给效率不高、供给结构不合理等状况。能不能解决好"融资难"问题，是我国文化产业能否顺利实现"成为国民经济支柱产业"目标的关键。其实，我国文化产业市场广阔，有很大潜力和拓展张力，为了增强文化产业发展的活力，实现文化产业又快又好发展，金融供给侧结构性改革刻不容缓。

　　通过对我国文化产业发展现状的考察分析，发现金融需求与金融供给不匹配问题，是我国文化产业发展的症结，这一问题不着力研究解决，我国文化产业的发展就不可能有所起色。本书在我国文化产业发展的问题困惑和问题解析基础上，提出了文化产业的金融支撑体系急需供给侧结构性改革。首先，以产业发展理论、供给侧结构性改革理论、金融发展理论为理论前置，从金融政策、财政资助、金融机构等层次，对我国文化产业的金融供给现状进行分析，并借鉴国外文化产业金融、财政供给的先进经验，以我国文化产业上市公司为例（因近几年文化产业受疫情影响严重，故采用 2010～2016 年的面板数据），构建 DEA - Malmquist 指数模型，对我国文化产业发展的金融供给效率进行动态评价，并剖析效率变化的原因。其次，从实证结果来看，2010～2016 年我国文化产业金融供给的总体效率不高，主要归因于金融技术发展水平滞后，说明文化金融供给侧总体效率的提高依赖于金融技术的创新；同时，金融体系的资源配置效率、制度创新以及发展环境也会影响文化产业金融供给效率的提升；文化产业金融供给效率表现出行业的异质性，我国不同区域文化产业上市公司金融供给效率亦存在差异性。最后，本书从金融技术创新、制度创新、结构优化及强化财政扶持四个角度，提出了我国文化产业发展的金融供给侧结构性改革思路。

2

目　　录

第1章

绪　　论

1.1　研究背景与研究意义

1.1.1　研究背景

　　新常态下，中国经济由高速增长转为中高速增长，经济结构深入调整，发展动力发生重大改变。文化产业拥有经济和文化的双重属性，具备附加值高、绿色环保、消费群体广等诸多特质与优越性，同新常态下产业的发展需求高度吻合，有益于提升经济发展质量、开拓产业发展空间与推进消费结构优化升级，已经成为新常态下中国经济发展的关键驱动力之一。2007～2022 年 16 年间，我国文化产业发展呈现翻倍增长趋势，平均增速大大超过 GDP 增速，截至 2022 年底，我国文化产业实现营业收入 165,502 亿元，约占国民经济生产总值的 4.56%，尤其是电影、游戏、动漫、数字创意等较为典型的行业成绩突出，全国电影实现

300.67 多亿元票房，游戏产业总收入高达 2,658.84 亿元，动漫产业总产值已破 5,182.76 亿元大关。北京、江苏、广东、湖北、湖南、云南等多个省市的文化产业年均增长率皆超出 20%。按照"十四五"规划，文化产业作为国民经济支柱性产业将整体迈向高质量发展和数字文化产业腾飞发展的重要阶段。依据这一目标预测，"十四五"期间，我国文化产业的年均增长率将维持在 15% 以上，为 GDP 增长率的两倍有余。[①] 由此，文化产业成为引领新常态经济社会发展的重要力量。

实施供给侧结构性改革，既是应对金融危机爆发后综合国力竞争新形势的积极探索，又是引导和顺应我国经济发展的重大创新，更是符合经济新常态的必然要求。供给侧结构性改革的侧重点是"减少无效供给，扩大有效供给，提高供给结构对需求结构的适应性"。从根本上看，供给侧结构性改革就是借"改革之剑"铲除常年积聚的体制性、制度性及结构性桎梏，重新调整结构，让供给更好地适应需求。在中国文化产业快速发展的历程中，文化产业也存在较为严重的结构性问题，最突出的是金融供给不足、金融供给效率不高、供给结构仍然不合理，导致文化产业需求与金融供给不相匹配，滋生了文化企业普遍融资贵、融资难及融资慢等现象，制约了整个文化产业的快速发展。为了释放文化产业发展的活力，实现文化产业又快又好发展，急需金融供给侧结构性改革，并希望金融供给侧尽力向文化产业链倾斜。

通过金融改革大力削减企业融资成本，为实体经济的结构调整提供充沛、高效的金融服务，巩固金融对经济的支持能力，是供给侧结构性改革的主攻方向之一。目前中国金融体系面临着资源配置结构失衡，劣质供给冗多，有效供给匮乏，金融资源无法更多地注入创新性强的领域或企业，反而在金融系统内部循环；金融机构以银行为主体，其管理模式趋于同质化，造成资源配置效率低下，对实体经济的供给效率也日益

---

① 资料来源于 2022 年全国文化及相关产业发展情况报告，http://www.stats.gov.cn/sj/zxfb/202306/t20230629_1940907.html.

下降。金融供给侧结构性改革，不仅有助于扭转以往需求侧粗放型的运营形式，增加金融有效供给，增强金融供给质量，优化资源配置，从而提高金融体系全要素生产效率，还能增进金融有效供给与文化产业有效需求的匹配，充分发挥金融支持文化产业发展的作用，也为当前文化产业的供给侧结构性改革提供了良好的契机。

我国文化产业供给侧结构性改革虽已提出，但其相关理论研究并不多。在此背景下，本书将文化产业与金融供给侧结合起来，着手从理论和实践层面进行系统性研究，探索文化产业发展中的金融供给突出问题与薄弱环节，深入揭示金融支持文化产业发展的内在机制，试图就文化产业发展的金融供给侧结构性改革策略进行深耕厚植。

1.1.2 研究意义

供给侧结构性改革是经济从"三期叠加"到"新常态"的持续发展，也是当前我国全面深化改革的重心。文化产业是以创新为核心的新兴业态，作为战略性新兴产业，其供给侧结构性改革问题引起学术界的广泛关注。文化产业供给侧结构性改革不仅仅是一个单纯的线性递进过程，更是一个需要涵盖金融政策在内的政府扶持、产业政策作用方式与力度、资本供给以及制度创新等全面突破的发展进程。本书结合产业发展理论、金融发展理论以及供给侧结构性改革理论，对金融与文化产业两者融合问题作了进一步的思考和探讨。

从理论意义来看，结合文化产业与金融供给侧的研究既拓展了金融与具体产业发展之间关系的研究，又丰富了供给侧结构性改革理论。目前学术界对于文化产业金融供给侧结构性改革的研究极少，大多散见于文化产业供给侧结构性改革的政策体系研究之中，且大部分均将金融视为推进文化产业供给侧结构性改革的诸多政策措施之一，对文化产业发展的金融供给侧结构性改革缺乏全面性、系统性的研究。此外，现有文献集中探讨具体政策的实践，而对二者结合的适应性和内在机制等方面缺少系统性论述。本书认为供给侧结构性改革不单是文化产业、金融等某一方面的参与，而是多元化主体的合力。因此，以文化产业为研究对象，围绕文化产业与金融供给侧结构性改革结合问题开展系统和专题性研究，对理论研究有着现实的指导意义，避免了一般化和空洞化，弥补了现有文献对此方面研究的缺漏。同时，本书尝试着对文化产业与金融供给侧之间的关系进行探索，揭示了金融推动文化产业发展的内在机制，建构了文化产业与金融供给侧结构性改革融合的分析框架，丰富和拓展了供给侧结构性改革理论。

从现实意义来看，本书对文化产业发展与金融供给侧结合的研究，源自现实问题的探索与归纳，重视理论同实践相结合，强调对实践的指导意义。

其一，为我国文化产业供给侧结构性改革提供可以参考的具体思路。随着我国文化产业发展进入深水区，文化产业的供给侧结构性改革已成为一项长期任务。金融约束一直是困扰文化产业发展的难题，如何推进金融资本和文化产业的有机融合，补齐金融短板，对于文化产业供给侧结构性改革来说显得尤为迫切。本书将二者结合进行讨论，从文化产业的特殊性出发来分析适合其发展特质的金融供给体系，具有较强的针对性，为提高文化产业金融的有效供应以及文化产业供给侧结构性改革提出了具体思路，具有现实意义。

其二，能够为我国金融体系的供给侧结构性改革提供一定的现实指导。新常态下，供给与需求之间的结构性错配问题成为当前经济增长的致命要害，从本质上而言，供给系统已不能有效地满足社会需求。可见，"供给侧结构性改革"是经济领域的改革重点。金融充当着现代经济的核心角色，对供给侧结构性改革的支撑功能显得尤为重要。为此，通过对文化产业发展的金融供给体系的设计与优化，实现金融供给与文化产业需求的有效对接，提高资源配置效率，本身是金融供给侧结构性改革的内在要求。本书通过对文化产业发展的金融供给问题、现状和成因的探讨，引出文化产业金融供给侧结构性改革思路，从金融技术创新、制度创新、结构优化以及生态环境改善的角度提出经济新常态下文化产业金融供给侧结构性改革的对策，为我国金融体系的供给侧结构性改革提供了思路和建议。

1.2　国内外研究综述

1.2.1　国外研究综述

关于文化产业的研究，国外相关研究较早，在 20 世纪 30 年代，西奥多·阿多诺（Theodor Adorno）和马克斯·霍克海默（Max Horkheimer）最早提出了"文化产业"一词，为以后研究文化产业奠定了基础。而"文化产业"的含义则由阿多诺和霍克海默在 1947 年给出，他们将文化产业定义成一种可复制、标准化、规模化的工业化生产，还从艺术和哲学价值两个层面否定性批判了文化产业。克雷奇默（Kretschmer，1997）归纳了文化产业的四大特征，即需求的周期性、产品的同质性、消费的网络效应性以及质量的不确定性。西蒙·鲁德豪斯（Simon Roodhouse，2001）明晰了文化产业与创意产业之间的关系，认为二者的联系取决于价值链规律，反而和产业链无关。派恩·贾尔斯（Payne Giles，2002）在探讨过程技术发展和引起产品大批量定制的原因中，列举了文化产业发展的案例。查尔斯·兰迪斯（Charles Landis，2004）首次将价值链分析引进文化产业研究，并分析了组成文化产业基本价值链的五大步骤。约翰·菲斯克（John Fiske，2007）从经济学角度分析了文化产业，介绍了文化产业生产、消费、文化价值与文化产业的基本特点。佛罗里达（Florida，2012）研究了文化产业和不同地区间的关系，认为文化产业的定义发生了变化，指与艺术和娱乐等有关联的集合体。理查德·哈恩斯（Richard Haans，2018）把文化产业与生产系统相结合进行分析，发现文化产业所处的区域位置对预期创业的影响相当高。影视、表演艺术等核心文化产业的企业家比非核心文化产业的企业家更希望维持现有工作，创造就业机会的可能性也更小，例如广告和出版。此外，非核心文化产业有时也被视为属于文化产业，其创造就业的期望值与非文化产业相同。更重要的是，这些非核心文化产业似乎最有可能在文化产业中扮演创造就业的角色。因此，可以通过社会热点来刺激文化就业岗位以带动文化产业发展。吴升莱（Ngo Thang Loi，2019）对文化产业和经济增长的关系进行了分析，研究发现，虽然现阶段文化产品消费对国内生产总值的贡献比其他产业小，但文化消费增长率还是相当高。与其他服务需求相同，如果消费者对文化产品有强烈需求，那么它将吸引投资商和其他联动的文化服务机构，例如社会文化组织、文化产品生产商等。社会通过对文化产业的投资带动了相关产业的发展，促进了相关产业的成熟，最终可以对整个经济产生正向的重大影响。

文化产业的成长依赖于政府财政政策的积极推动，其理论和实践研究主要包括 4 个方面。

（1）以政府干预理论为着力点。凯恩斯（Keynes，1936）在《就业、利息和货币通论》一书中首次提出"政府干预"的主张：一国可以通过众多宏观调控手段应对市场失灵，比如在有效需求乏力时，公共财政支出能滋生有效需求，从而填充需求缺口，降低经济波动性。不仅如此，凯恩斯从乘数理论层面论证了财政投资对经济发展的重要性。约瑟夫·斯蒂格利茨（Joseph Stiglitz，1986）基于凯恩斯的研究，进一步完善了政府干预理论，强调市场失灵并非囿于公共产品和外部性等范畴，还包括信息不对称问题。为治理市场失灵，政府干预手段不该只限于制定法律法规和再分配原则及增加公共产品，而应是由政府与市场相互协作，才能促进经济和社会的健康发展。文化产业是市场经济运行中必不可少的部分，同样面临市场失灵问题，其阻碍着文化产业的快速发展并破坏文化资源的有效配置。因此，公共财政如何合理把控政府和文化市场的关系就显得尤为关键，应明确政府需要扶持什么，不该扶持什么，并尽可能让市场自动调节。当需要扶持时，公共财政应在最佳时机适当介入行业的重点领域。

（2）以公共产品理论为核心，阐述文化产业的财政政策。大卫·休谟（David Hume，1732）认为政府干预有利于减少公共产品的"搭便车"现象。林达尔（Lindahl，1919）发现公共产品的"林达尔均衡"原则，也就是说，每个人消费公共产品的价格是有区别的，但是他们的价格之和等于公共产品的总成本。萨缪尔森（Samuelsen，1954）把公共产品解释为个人消费某一产品的同时不能排除他人消费该产品。詹姆士·麦基尔·布坎南（James Mcgill Buchanan，1965）第一次分析了准公共产品，基于财政学视角论证了公共产品理论务必遵守"效用—费用—税收"的等式，税收可视为公共产品的"税收价格"，是公众消费公共产品或服务所支付的成本，进而把公共产品的成本与收费联系起来。文化产业具有典型的公共产品属性，要根据产品属性的偏向程度，对公共性较小的文化产业，政府可以给予适当的补贴予以扶持，而对于公共性较大的文化产业，政府则要起到主导作用。

（3）从公共财政理论视角阐述文化产业财政政策。马斯格雷夫（Musgrave，1959）将稳定经济和收入分配及再分配作为政府的三项财政职能，从再配置方面论述了政府可以依靠财税政策等财政措施实现文化资源的有效配置，特别是公共文化资源的优化配置。布坎南（Buchanan，1960）把财政看成公共部门经济，从市场失灵层面论述了公共产品的生产和分配过程，发现交换等价原则是自由市场制度的基础，并且等价原则只适用于排他性的私有产品。但是公共产品没有排他性，不能进行市场交易，更容易出现"供不应求"现象，此时，政府应借助财政措施介入市场，提供公共产品，以满足人们的公共产品需求。由此，经济学家尽管只间接阐明政府财政职能和文化产业的联系，可是若将文化看作一种资源（文化资源）和（准）公共产品，二者就存在密切关系了。

（4）文化产业财政政策实践相关文献。伯德和史蒂文斯（Bird and Stevens，2003）认为，美国作为世界最大的文化产业国家，一般不干预经营性文化产业，由市场自动调节，国家财政政策集中表现在文化事业财政支出和非营利性文化艺术的经济效应方面。另有美国学者克里夫·戈达德（Cliff Goddard，2005）依据产业的经营目的标准，把文化产业划分为两类：营利性文化产业与非营利性文化产业。政府只支持非营利性文化产业，如财政转移支付、财政补助、财政投资、企业和个人赞助免税、公司税减免等。拉夫·帕德菲尔德（Ralph Pafield，1997）指出，为推动文化产业大力发展，急需财政政策、税收政策及配套相关制度大力扶持，积极引导民间资金流入文化产业。莱希（Lahey，1995）认为，要保持法国文化艺术产业的国际竞争优势，法国应向文化艺术组织捐赠行为提供更优惠的税收。索罗斯比（Throsby，2001）认为，在复杂的经济社会，完全自由市场是不存在的，哪怕像美国这样的以私营企业为主导的国度，也要依托一套完备的政策与法律法规支撑。内泽特（Neitzert，2008）研究了全球文化产业税收优惠政策的运行情况和效果，从经济风险与不确定性、文化效应、文化竞争力等方面证明了采用税收优惠政策的合理性，认为税后优惠政策相比于直接补贴更能吸引民间资本流向文化产业。基斯·巴塞特等（Keith Bassett et al.，2002）通过对巴里斯托（Bristol）电影制造业集群进行深度剖析发现，政府、行业协会、商会及金融机构形成了一张推动该地区电影行业发展的支持网。詹森（Jansen，2005）发现德国的电影补助政策尽管在很大程度上可以冲销电影的生产成本，可是与美国规模化经营、成本低廉等优势相比，这种补助的作用是可以忽略不计的。为此，应提倡政府向本国电影业予以更大程度的政策支持。

关于文化产业发展的金融供给，国外学者马龙（Malul，2008）指出美国、日本等国家健全的中小文化企业的担保和再担保系统为破解文化企业融资难题给予了关键支撑。乔希（Josh，2012）强调可借助大力发展债券市场和积极指导民营投资模式为中小文化企业提供支持其迅速发展的产业资金。迈克尔·基恩（Michael Keane，2005）比较分析了拉美国家文化产业的投融资环境，认为政府政策不仅有助于推动产业经济增长，还能提高出口额，但对产业发展起决定性作用的还是能否实现金融与创意投入在生产和营销中的协同作用。金禅智（2006）研究了韩国文化产业的金融支持问题，发现韩国通过采取政府性的非营利机构向企业供应低价的土地、搭建大众信息发布平台和优惠的税收政策等方式，支持中小文化企业的发展。西韦克（Siwek，2011）以英国创意产业为例，探讨了中小企业的投融资状况，指出中小企业在金融需求和融资途径上都存在差异，这种差异是由企业的大小、行业类别以及所处产业价值链的地位共同决定的。凯文·斯特罗（Kevin J. Stiroh，2018）认为金融文化是一个复杂的问题，因果关系难以分离，但是可以通过个人和团体行为背后的潜在驱动因素、动机和风险来预测某个阶段的文化产业态势。

1.2.2 国内研究综述

1.2.2.1 文化产业发展研究

国内学者对文化产业发展问题进行了丰富探索，从文化强国战略意义及发展思路来看，尹世杰（2002）认为文化产业是实现文化强国战略目标的必经之路，并建议不断拓展文化资源，扭转文化经营方式，制定同国际文化市场并轨的产业规章制度。李海霞（2010）论述了日本文化强国战略的思路，发现将文化产业作为战略思想，不仅能深入认识文化产业的整体性、前瞻性以及规律性，还能吸引更多的社会资源参与其中。王继华（2012）基于哲学视角分析了文化强国战略重要性，并提出文化强国既能为经济转型建构新秩序，又可以转变现阶段世风日下和功利主义盛行的局面。赵继梅、孙建（2012）从资金投入、生产规模、生产效率、政策、技术创新等维度对中外文化产业发展进行比较研究，认为在国内市场中，居民对文化产品的消费热情持续升温，文化产业增长势头强劲。

我国学者也从国家扶持文化产业政策角度进行了探讨，迟树功（2011）认为，应通过加强文化产品市场与要素市场构建、进一步健全现代流通制度、优化市场中介结构、努力营造自由平等的市场环境等措施来培植和保障我国文化产业政策体系。李华成（2012）发现投资风险高是制约社会资本参与文化产业中的一大症结，而为应对这一症结，文化产业可凭借政府政策的全力支持，使得自身具备比较优势。刘玉珠（2011）建议文化产业政策应同金融政策协同一致，文化产业投融资系统应和金融市场规律相互契合，文化产业应跟金融市场去联姻。贾旭东（2010）提出文化产业金融政策是由核心政策、激励政策以及保障政策等要素组成的一项扩张性政策。高志强（2017）对文化产业进行内生经济学分析，认为文化产品具有特定的非竞争性和非排他性，不适用边际效益递减规律，更符合内生经济增长理论，是一种"创意→垄断→边际报酬递增→不完全竞争"的经济增长模式。文化产业凭借独特创意确立其垄断地位，以高于边际成本价格的形式填补原始产品成本，解决了技术进步内生化及实现长期经济增长的问题。

1.2.2.2 文化产业发展的金融供给研究

国内学者对文化产业发展的金融供给问题进行了大量研究，主要内容可以概括为以下几个方面：

1. 文化产业发展的金融需求研究

我国学者汪保健和肖瑞林（2002）最先倡议：中国文化产业的发展，务必要强调金融的支持作用。如果缺少金融的全方位参与，文化产业将难成大气候。花建（2003）认为，扩充文化产业投融资规模是振兴我国文化产业的重大谋略，要改进文化投资模式，鼓励文化与金融领域的有机衔接，拓宽文化企业的投融资途径。祁述裕（2004）构建了文化产业竞争力理论模型，论证了金融支持有益于促进文化产业的快速发展。常晔（2009）强调金融对文化产业的支撑作用不仅符合国民精神生活的迫切要求，还能激励消费和扩大内需，更能优化产业结构和转变经济增长模式。陆岷峰和张惠（2012）从不同角度阐述了文化产业的群体属性，建立了现代文化产业的金融服务系统。赵健伯（2016）探讨了文化产业发展对珠海经济增长的影响，并明晰了文化产业和金融供给的关系。

2. 文化产业发展的金融供给现状、问题研究

国内较多学者剖析了当前文化产业的金融供给现状、面临的问题和原因，比如孙斌（2008）探究了文化产业金融支持力度欠缺的原因，包括：地方政府不重视；文化企业规模不大，信用等级低下；体制改革不彻底，政企不分问题严峻；金融部门服务意识差。张伟和周鲁柱（2006）指出金融体系支撑文化企业乏力的原因包括文化产业政策体制不完善、相关法律法规不健全和管理观念陈旧等。张立波和杨英法（2009）认为，中国各级政府财政资金告急，同时，金融市场天生弱质，筹资渠道单一，导致文化产业的发展存在严重的资金短缺。魏鹏举（2010）认为，我国资本市场缺乏积极的创新和探索是我国文化企业融资难的主要原因之一。闫瑞华（2012）指出，传统的金融服务产品及金融工具无法和我国文化产业有机融合，金融创新远远赶不上文化产业的金融需求。刘友芝（2013）认为如今中国文化企业在金融市场上的直接融资方式具有单一化特点，总体偏好于股权融资。吴鹤（2018）认为我国文化企业发展中的最大难题是融资渠道单一，同时民间资产存量丰富却缺乏适合的投资渠道，如何联通两者使其顺利对接，对于破解文化产业融资困境、完善资本结构、提升产业效率具有重大意义。从文化产业的融资现状出发，应立足于民间资本投资文化产业的优势，构建民间资本投资文化产业的金融体系。

3. 文化产业发展的金融供给策略研究

针对文化产业发展的特征与当前金融体系支撑文化产业发展进程中面临的困境，学者们纷纷建言献策。

王宪明（2011）通过探索金融支持文化产业的运行原理，认为要真正实现金融支持功能，就必须将间接融资方式与直接融资方式有效联合起来。熊正德（2013）认为我国文化产业要达成精细化和规模化仍存在很多难题，而资金严重短缺是引起这些难题的关键，唯有促进文化产业实现创新驱动型成长，搭建多样化、多途径的投融资平台，才可实现我国文化软实力的晋升。杨媛玫（2013）针对中国文化产业发展的金融供给存在的障碍，提出应基于信用担保体系、融资方式、财政金融等多个维度构建文化产业的金融供给系统。侯英（2016）结合文化企业发展的阶段性特点和融资中的金融创新，提出了文化与金融对接的改进路径，构建文化与金融支持立体、综合模式，以化解文化产业发展的融资难问题。

此外，我国学者也针对银行、产业基金、资本市场等对文化产业发展的支持状况进行了研究。曹晶（2012）指出，当前我国商业银行对文化企业业务存在信贷服务不够和授信力度小等问题，建议从开设基金、改进服务、创新机制等方面推行文化产业业务。欧培彬（2009）讨论了产业投资基金支持文化产业的内在机制与模式，指出我国应该尽快建立一个新的大型文化产业金融扶持平台。朱尔茜（2016）分析了我国文化产业投资基金运行存在的问题，认为确定基金功能定位、强化顶层计划、调整管理结构、健全制度体制有利于促进公共文化产业投资基金的良性发展。石曦（2015）发现保险机制能转嫁文化产业的风险，建立文化产业的保险服务模式，通过文保联合可促进文化产业的健康发展。褚杉尔（2018）对 153 家文化创意上市公司的非平衡面板数据进行实证分析发现，文化创意上市公司面临较为严重的融资约束问题，而互联网金融的发展能缓解文化创意上市公司的融资约束现象。文化创意上市公司的企业固定资产占总资产比重越低，面临的融资约束程度就越高。因此，需要大力推进互联网金融发展，用以缓解融资约束困境。

4. 文化产业发展的金融供给区域研究

也有不少国内学者以区域为研究对象分析文化产业的金融供给情

况。刘丹萍（2006）以投融资体制为切入点，针对北京的文化产业金融供给现状进行了探讨，提出应建立以国有资本为主导的文化金融经营机构，倡导投融资途径多元化，激励民间资本投入文化产业中。龙怒（2012）以云南省为例，探究了其文化产业的金融供给程度和结构，认为唯有通过政府、金融机构、文化企业，以及市场等参与主体的共同努力，才能完善投融资系统，破解文化企业发展融资瓶颈离不开金融支持和创新服务。汪洋（2010）阐述了陕西省文化产业发展的状况和态势，指出应巩固政府的积极引导作用，推进金融体系的创新，进一步健全融资配套系统，大力栽培合格的融资主体。陶君道（2010）以甘肃省为例，探讨了其文化产业金融支持问题，发现银行信贷更偏好于大型的文化企业集团，对中小文化企业则是"惜贷"，造成中小文化企业的贷款满足率低。张松海（2010）以青岛市为例，发现文化企业大部分都存在规模小、财务制度漏洞百出、信誉等级低、信息透明度差、多以无形资产为主等症结，阻碍了信贷资金介入青岛文化产业，提出金融机构应差别对待信贷审批对象，设置符合文化产业特征的贷款审批机制。付大巧（2012）讨论了宁夏文化产业的金融供给政策的力度不够问题，建议依靠实施倾斜性金融政策、建立区域资本市场等方法，为宁夏的文化产业成长提供体制保证。聂勇（2013）以广西为例，探讨了其文化产业金融供给情况与问题，提出了相应的金融供给对策。艾希繁（2019）分析了粤港澳大湾区文化金融合作的难点：第一，三地文化金融政策难以协调；第二，香港、澳门资本进入内地文化市场门槛较高；第三，沪深股市对文化企业的金融支持不足。对此，建议由政府建立区域性文化金融合作协调组织，加强顶层制度设计来推动文化金融行业发展。

5. 文化产业发展的金融供给他国经验研究

部分学者对其他国家和地区文化产业金融供给的成功经验进行了研究。余晓泓（2008）探索了美国文化产业金融供给现状，发现美国文化领域融资渠道包括政府直接注资、民间资本和产业资金联合资助、金融市场融资以及国际直接投资。钟韵（2011）在研究了美国和日本的文化产业融资模式基础上，提出加快知识产权证券化步伐，扩大外资投入份额，鼓励直接上市融资、完善抵押—担保—保险等一条龙式服务。张欣怡和张学海（2014）论述了美国、英国、日本等国家金融供给文化产业的状况，并总结了值得我国借鉴的成功经验。刘曦等（2016）阐述了美国在政府产业支持和投融资模式等方面的成功经验，对比分析了美国和中国在这些方面的不同，并提出了健全我国文化产业投融资机制的对策。

6. 文化产业发展的金融供给实证研究

在实证方面，也有少数学者尝试对文化产业发展的金融供给进行了探索。曾诗鸿（Shihong Zeng，2013）基于 Logit 模型分析了影响我国文化产业金融扶持效率的因素，结果表明金融扶持效率呈上升态势，不过总体效率水平较低，融资规模是影响文化产业金融供给效率最重要的原因。熊正德、李兰和廖然（2014）基于省际面板数据，构建计量模型，从金融支持效率、股票融资、银行信贷等角度实证检验了金融支撑对文化产业的作用，研究表明银行信贷对文化产业影响显著，而股票融资并没有充分发挥支撑作用，文化产业整体金融支撑水平不高。熊正德、丁露和万军（2014）使用数据包络法度量国内文化产业上市公司股权融资效率，发现整体融资效率偏低，非国有控股企业的股权融资效率反而比国有控股企业好，并且文化细分行业内差异亦较为明显。王认真（2015）对我国省域文化产业增加值和金融发展水平进行了空间计量分析，研究表明金融发展水平不仅能促进文化产业增加值的攀升，而且具有正向溢出效应。朱尔茜（2015）从金融支持相关度、金融资产效率以及金融投资额三个维度，构建随机效应模型，定量分析了各变量对文化产业增加值的影响程度，研究发现金融资产相关度、金融投资额对文化产业发展影响显著，而金融资产效率影响不显著，并提出了推进文化金融支持效益的举措。

1.2.2.3　文化产业发展的供给侧结构性改革研究

当前，国内经济迈入新常态模式，实体经济处于转型阵痛期。供给

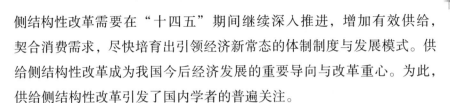

侧结构性改革需要在"十四五"期间继续深入推进，增加有效供给，契合消费需求，尽快培育出引领经济新常态的体制制度与发展模式。供给侧结构性改革成为我国今后经济发展的重要导向与改革重心。为此，供给侧结构性改革引发了国内学者的普遍关注。

从文化产业发展供给侧结构性改革来看，涂丹（2016）认为新常态下，文化产业需要以消费升级促进产业升级，快速形成新动力和新供给，充分释放资本市场的活力，完善市场运行机制来助推文化产业的供给侧结构性调整。陈明师和黄桂钦（2016）考察了福建省文化产业的发展状况、产业优势以及产业格局，采用因子分析法实证分析了文化产业发展的影响因素，并提出了福建省文化产业供给侧结构性改革的策略。齐骥（2016）发现我国文化产业供给过剩和供给不足同城乡差距和区域鸿沟同时存在，基于产业转型、要素创新、制度改革 3 个维度，提出了创造有效内容、渠道供给，推动供给侧和需求侧的共同演变，建立文化产业结构升级的政策体系等建议。徐鹏程（2016）指出，我国文化产业的金融供给低效，严重阻碍了文化产业的健康发展，务必加快实施金融供给侧结构性改革策略，补充金融软肋，完成文化产业链与金融的链接。李毅（2016）以国产电影为例，阐述了文化产业供给侧结构性改革的必要性，指出应从制度供给、资本供给和创新供给 3 个角度来设计文化产业发展的战略方向和现实路径。焦斌龙（2017）针对新常态下我国文化产业高速增长、创意为先、并购重组和融合发展的阶段性特征，认为文化产业供给侧结构性改革应从激发文化消费潜力、解决无效文化供给、提高文化产业的创新能力、并购整合和融合优化发展资源、借助金融创新推动文化产业资本化等方面着手。王淑珍（2017）通过分析酒泉市文化产业的发展现状与供给侧问题，发现文化产业人才流失、单一的投融资渠道、政府扶持力度不足是制约当地文化产业发展的主要因素，并提出了文化产业供给侧结构性改革的政策建议。戴祁临（2018）提出以实现文化产业供给侧结构性改革为出发点，为文化产业财税政策优化提供价值目标。财政政策应向具有较强文化创新能力但盈利能力不足的文化企业倾斜，并加大对文化企业整合产业链的支持力度。同时，调整不同层级政府财政支出结构，增加中央财政对于文化科技创新和重大项目建设的补贴规模，加大地方财政对于特色资源开发和专业人才培养的补贴力度，以有效解决由资金总量不足、项目逆向选择和补贴短视性等原因造成的各级政府财政补贴效果不佳的问题。

1.2.3 简要评论

综上所述，目前关于文化产业金融供给的文献，国外相应研究不多，并且主要表现为对文化产业中小企业的融资问题的探讨，涉及整个产业的金融供给研究较少。相比较而言，国内关于文化产业金融供给问题研究的文献更为丰富，相关研究主要从以下 5 方面展开：一是对当前我国文化产业金融供给机制的研究，即文化产业的金融需求、金融供给现状与问题、金融支撑策略等方面进行讨论；二是以区域为对象研究文化产业的金融供给状况；三是对文化产业发展的金融供给他国经验展开的研究，以国外先进模式作为参考，为我国文化产业的金融供给提出基本建议；四是对文化产业的金融供给进行的实证研究，集中于金融支持对文化产业的作用效应和文化产业的金融供给效率评价等；五是对文化产业的供给侧结构性改革进行的研究。

然而纵观已有研究不难发现，学术界对于文化产业金融供给侧结构性改革的研究极少，大多散见于文化产业供给侧结构性改革的政策体系研究之中，大部分都从金融作为推进文化产业供给侧结构性改革的诸多政策措施之一进行探讨，对文化产业发展的金融供给侧缺乏全面性、系统性的研究。同时，现有文献集中探讨具体政策的实践，而对二者结合的适应性和内在机理等方面缺少系统性论述。不仅如此，现有的研究注重理论上的探讨，对目前文化产业发展的金融供给效果和效率的实证研究不足，致使理论的描述缺少一定的说服力。

鉴于此，本书拟将文化产业发展与金融供给侧结构性改革结合起来，从理论层面分析文化产业金融供给改革的特殊性及适应性，深入剖析我国文化产业发展的金融供给现状与问题，以文化产业领域的上市公司为例，对文化产业发展的金融供给效率进行动态评价，从而提出文化产业发展的金融供给侧结构性改革的针对性策略，以期弥补国内研究的不足，为我国文化产业金融供给侧结构性改革研究提供一个较为完整的理论分析框架。

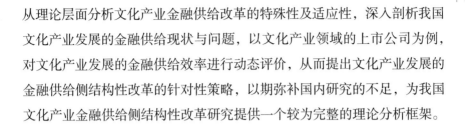

1.3　研究思路与研究内容

1.3.1　研究思路

本书以供给侧结构性改革为指导，以文化产业为研究对象，从金融供给的视角，研究我国文化产业发展的金融供给侧结构性改革。具体有以下几点：第一，以产业发展理论、供给侧结构性改革理论、金融发展理论等为支撑，构建文化产业金融供给侧结构性改革的理论前置；第二，界定文化产业的定义、分类及特征，阐释文化产业的金融需求特质，寻找我国文化产业的金融供给方面的突出问题与薄弱环节，解析问题，提出了我国文化产业的金融支撑体系急需供给侧结构性改革；第三，现实考察我国文化产业发展的金融供给状况；第四，以我国文化产业上市公司为例，动态评价我国文化产业金融供给的效率；第五，探索国外文化产业金融供给的实践体系，归纳总结其先进经验；第六，给出适合我国文化产业发展的金融供给侧结构性改革对策建议，包括金融技术创新、制度创新、结构优化及财政供给等方面。

1.3.2　研究内容

本书分为 8 章，具体框架如下：

第 1 章是绪论。阐明本书的研究背景、研究意义、国内外研究综述、文章思路、研究内容、研究方法、技术路线以及主要创新点。

第2章是理论基础。主要介绍产业发展理论（产业生命周期理论、产业结构演变理论）、金融发展理论（早期金融发展理论、金融深化理论、金融约束理论、金融体系的"功能观"理论）和供给侧结构性改革理论（供给学派理论、新供给主义经济理论），回顾和梳理这些理论的发展脉络和最新进展，以作为本书的理论前置。

第3章是文化产业发展的金融供需分析。对文化产业的定义、分类及特征进行释义，分析了文化产业的金融需求特质，从投融资渠道单一、文化与金融缺乏联动、文化企业先天弱质、金融中介服务缺位、财政投入力度不够、法律法规及政策制度建设滞后等层面，探讨我国文化产业发展的金融供给问题，解析问题，提出我国文化产业的金融支撑体系亟须进行供给侧结构性改革。

第4章是我国文化产业发展的金融供给现状。考察我国文化产业的发展状况，并从金融政策、财政资金、银行、股市、债市、基金、保险、信托、产权交易等方面，探究了国内文化产业的金融供给的客观性事实表现。

第5章是文化产业发展的金融供给效率动态评价。采用2010～2016年60家文化上市公司的面板数据，构建 DEA – Malmquist 指数模型，动态评价了我国金融供给文化产业整体、细分行业及不同区域的效率，并剖析效率变化的原因，为文化产业金融供给侧结构性改革提供了具体的分析思路。

第6章是国外金融供给文化产业发展的经验。分析了美国、英国、日本及韩国金融供给文化产业发展的实践体系，并总结归纳它们的成功经验，为我国文化产业金融供给侧结构性改革提供借鉴。

第7章是文化产业发展的金融供给侧结构性改革总体思路。在理论研究和实证检验形成的基本判断与结论基础上，结合我国文化产业发展的金融供给现状，从金融技术创新、制度创新、结构优化及加强财政供给4个角度提出文化产业发展的金融供给侧结构性改革策略。

第 8 章是结论与展望。论述了全书的主要结论与不足，并指出进一步研究的方向。

1.4　研究方法与技术路线

1.4.1　研究方法

（1）规范与经验的论证。

基于产业发展理论、金融发展理论和供给侧结构性改革理论等，规范化分析文化产业发展过程中金融需求与金融供给的特质，构建文化产业发展的金融供给理论框架。同时从经验实证的角度，对我国文化产业的发展实践及其金融供给现状进行了印证性分析。

（2）比较与归纳的应用。

通过对不同时期、不同国家、不同制度形式下文化产业发展的情况，以及金融供给渠道、着力点、模式进行比较分析，吸收和借鉴有益经验。在探讨国外文化产业金融供给体系、理论分析金融对文化产业发展的支持中都采用了归纳概括的方法。

（3）定性与定量的结合。

对文化产业的含义、分类、特质、金融需求等多方面进行定性分析，论证金融对文化产业发展的作用及其金融供给遇到的瓶颈，提出文化产业金融供给侧结构性改革策略等。定量分析方面，利用 DEA - Malmquist 模型，结合面板数据，实证考察我国文化产业发展的金融供给效率及其影响因素。

1.4.2　技术路线

本书的技术路线如图 1.1 所示。

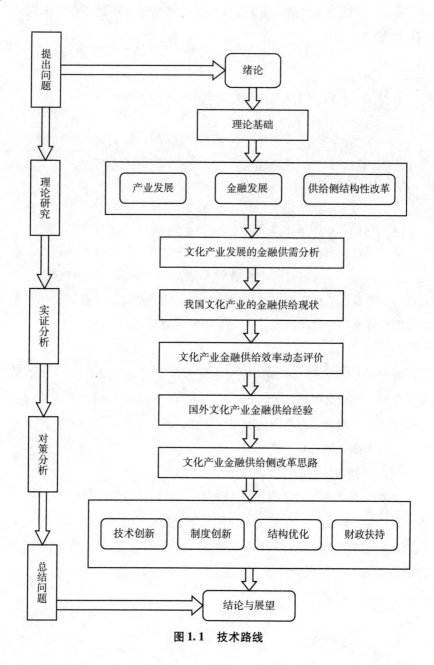

图 1.1 技术路线

1.5 主要创新点

首先是研究视角上的创新。关于文化产业供给侧结构性改革的研究文献甚少，本书结合产业发展、金融发展及供给侧结构性改革等理论，尝试从中观层面分析特定产业发展的金融供给侧结构性改革问题，立足于文化产业，从金融供给侧的角度，研究我国文化产业发展的金融供给侧结构性改革，对现有文献研究成果进行了拓展和延伸。

其次是对文化产业发展的金融供给侧结构性改革作了一些探索性的研究。本书认为，文化产业供给侧结构性改革不仅仅是一个单纯的线性递进过程，更是一个需要涵盖金融政策在内的政府扶持、产业政策作用方式与力度、资本供给以及制度创新等全面突破的发展进程。在实现方式上，供给侧结构性改革不单是文化产业、金融机构等某一方面的参与，而是多元化主体的合力。现有文献对文化产业发展的金融供给侧机理鲜有涉及，对实现方式的研究亦仅关注其中的某一主体，本书将文化产业和金融结合起来，力图在这一问题上进行有益的探索。

最后是实证研究上的创新。一是以文化产业领域的上市公司为研究对象，采用面板数据，构建 DEA – Malmquist 模型，对我国文化产业发展的金融供给效率进行动态评价。二是参考国外在该领域的理论和国外文化产业发展的金融供给侧实践经验与数据，指导国内文化产业发展理论和实践。

理论基础

本书探讨的核心议题是文化产业发展的金融供给侧结构性改革。文化产业发展将涉及产业发展理论，而金融供给侧结构性改革则属于供给侧结构性改革理论范畴。如前所述，金融被称为"国民经济的血液"，已是影响文化产业发展的核心支撑机制，那么金融对文化产业发展的供给可用金融发展理论予以解释。据此，本章对产业发展理论、金融发展理论、供给侧结构性改革理论进行梳理和回顾，并与文化产业相结合，形成本书的研究理论基础。

2.1 产业发展理论

2.1.1 产业生命周期理论

所谓产业生命周期是指从新生到衰退的整个变化历程中，产业所具备的相同阶段性与规律性的厂商行为。产业生命周期理论是 20 世纪后

期以来主流的管理学理论之一，可追溯的最早产品生命周期理论是由
R. 弗农（R. Vernon，1966）提出的。他认为一个完整的产品生命周期
包括创新、成熟和标准化三个阶段。克莱铂（Klepper，1996）基于产
品生命周期理论进一步分析产业内的技术变化是如何引起淘汰发生
的，亦称之产业生命周期的淘汰理论。产品生命周期描述了某一市场
对某种产品需求量因时间流逝而发生改变的规律。按照产品生命周期
的划分方式，产业生命周期可分为投入期、成长期、成熟期以及衰亡
期；根据其经历，人们又把它划分为初创、成长、成熟与衰退四个阶
段。在不同的时期，产业生命周期呈现的特质以及对应的金融供给的
特点具体如下：

　　在产业初创阶段，创业企业数目少并且市场规模小，技术不够娴
熟，产品品种单一且质量较低，产品需求增长缓慢，不仅如此，企业
信息是不完全和不开放的，亦没有严格的业务记录和财务审计。处于
初创期的新生产业，不仅风险高，而且其发展速度也往往赶不上金融
产业的发展速度；因为产业经营所带来的利润少，甚至入不敷出，进
入该行业门槛低，又无竞争者，所以企业获得融资的机会很少，只有
借助内源性融资。自有资本和自筹资本是内源性融资的主要方式。然
而内源性融资束缚较多，比如在规模和方向上，无疑增加了初创企业
的发展风险，减少了外源融资的机会。正因如此，产业金融便横空出
世，不仅促进新兴产业的快速成长，也助推新兴产业蜕变成主导
产业。

　　在成长阶段，生产者大量涌入，产业的内部集聚度变高；产品生产
技术趋于成熟和稳定，产品种类繁多，质量有保障；市场需求日益壮
大；产业生命周期曲线的斜率变大，且峰度更陡峭，产业利润迅速增
长；进入门槛变高，行业内部竞争激烈。在此阶段，随着企业自身规模
的逐渐扩张，可抵押资产和信用都有所上升，从而促使外源性资产配置
增高。此时，企业倾向于金融机构的外源融资，诸如银行信贷、债券融
资及权益融资等。另外，由政府所扶持的产业基金投资或者风险投资基

金也对其进行一定程度资助。尽管产业的外源性融资途径较多，不过还是以银行信贷为主。

成熟阶段的表现是，产业集中度比较高，技术方面日益成熟，产品品质趋于稳定；产品需求增速放缓；此时，结构变动效应已彻底释放，产业增速明显下降，产业产出占总产出的比重也走向顶峰，其生命周期曲线斜率变小并存在拐点；随着产业利润水平的提高，进入壁垒加高；企业制度的合理化和管理制度逐渐完善，越来越多的企业符合公开市场有价证券发行的条件，由此带来的是，股权融资比重有所上涨，而债务融资比重降低，一些优秀的中型企业发育成大型企业，银行乐于向这些企业给予经济支持，然而，由于这些企业资金往往比较富余，造成它们对银行的信贷诉求反而下降，债券融资和权益融资成为主流融资方式。

在衰退阶段，生产者数目递减，需求乏力，产量大幅缩减，产业生命周期曲线斜率也沦为负值，此外，市场上出现大量替代品与新产品，极大地削弱了原先产业的竞争优势，资源配置失效，产业破产风险变大，导致商业银行坏账上升，此时，商业银行对是否向产业提供信贷持保守态度。因此，产业获得金融支持的难度很大。

由产业生命周期可知，在其不同的阶段，其投资以及融资的结构和需求有了较大的变化，产业金融融资也变得有规律可循：处于早期的成长产业，所面临的外部融资束缚多，融资途径少；当产业发展成熟后，金融体系支撑程度不断加强，产业的金融需求亦逐渐从融资变换为投资。

2.1.2 产业结构演变理论

产业结构演变理论刻画了产业结构从低附加值、低技术水平到高附加值、高技术水平不断进化的过程，体现了社会资源在不同产业间、同一产业各个部门间、各种产品间相互流通的结果。

威廉·配第在 1672 年发现产业重心将随着经济的发展缓慢地从有形物质生产变为无形服务性生产，劳动力先从农业进入工业，再由工业进入商业。[①] 科林·克拉克提出了著名的配第一克拉克定理，即就业结构重心由第一产业倾向于第二产业，最后定位于第三产业。霍夫曼（Hoffmann）将工业化分为四大环节：第一环节，消费要素的生产在制造业处于统治地位，资本的生产不发达；第二环节，资本的发展速度逐渐赶超消费要素的生产速度，不过其发展规模仍不如消费要素工业；第三环节，消费要素与资本的发展规模较为接近；第四环节，资本工业的规模远远大于消费要素的规模。其后，西蒙·库兹涅茨（Simon Kuznets）建议：随着现代经济的日益进步，农业的产值比例和就业份额逐渐减少，工业与服务业的比重则不断攀升。钱纳里运用模型把经济发展划为三大阶段[②]：准工业化阶段、工业化实现阶段及后工业化阶段，其中又细分为六小阶段：初级产品生产阶段、工业化初级阶段、工业化中级阶段、工业化高级阶段、发达经济初级阶段、发达经济高级阶段。他认为国民经济的重心是从初级产品生产阶段到制造业主导的第二阶段，再到服务业主导的第三阶段。随着经济发展和社会进步，产业结构发展模式逐步由"一、二、三"模式经过"二、一、三"模式，走向"三、二、一"模式，最终达到高级化。

产业升级的典型形态主要包括国民经济劳动力结构的升级、国民经济不同产业部门之间的升级和行业格局的优化升级。劳动力结构与不同产业经济部门之间的升级都随着三次产业结构变化而改变。同一产业内部的企业，在竞争和制度环境下，会主动地进入某一市场或者退出市场，或者借助并购、倒闭等途径，实现资源的有效配置。尤其是在同一产业内部空间形成的产业集聚区引起人们的广泛关注。王旭章（1998）将产业集聚分为四大模式：以主导产品为中心的产品集聚和技术集聚、

[①]　威廉·配第. 政治算术［M］. 北京：商务印书馆，1999.
[②]　钱纳里. 工业化和经济增长的比较研究［M］. 上海：格致出版社，2015.

行业规模集聚、以大企业为中心的区域性集聚、以科技研发为核心的产业群体集聚。仇保兴（1999）也对小企业集群进行了研究。总之，通过产业集聚形成的高效协作网络，有利于提高集聚区企业的创新力与竞争力。

2.1.3　产业发展理论的启示

企业生命周期所诠释的产业发展理论，依据不同阶段分析了金融产业对产业的积极支持引导作用，对不同金融支持不同产业文化的研究有指导意义。随着全球经济不断发展，第三产业比重逐渐扩大，文化产业隶属第三产业，它在国民经济体系中发挥着不可或缺的作用。

不同国家的文化产业面临的产业生命周期阶段不一样。根据生命周期理论，我国文化产业目前还在初创或者成长阶段。这个阶段的特征同样体现在文化产业上，大量中小型文化企业如雨后春笋般涌现，它们规模偏小，容易陷于资金饥渴状态。而对于文化产业发展较快的国家，它们拥有宽阔的融资渠道和多元化的资金源头，既能自筹资本，也可依靠其他外源性融资，这些都说明了文化产业想要有效快速地发展离不开国家的有效金融支持。对于我国来说，文化产业的融资约束多、金融供给途径少、资金来源单一，大部分依靠商业银行信贷，金融部门谨慎的金融政策与稀缺的金融供给掣肘了文化产业的成长。为此，国家需要通过财政直接投资、贴息贷款、税收优惠等手段扶持文化产业发展，还可借助资本市场来拓宽文化产业的金融供给渠道。

2.2　金融发展理论

货币或货币的债权所形成的资产流动，广义上称为金融，它是各种信贷活动和货币活动的总称。狭义的金融则指货币资金的融通。金融发展是指金融结构的变化带来的金融资产规模的扩大和国民财富的增长，由金融资产、机构和市场的发展组成。经济发展和金融之间的关系是金融发展理论研究的核心，探究有利于经济发展的金融政策，研究金融发展对经济增长的作用、前提及路径等。金融发展论包括了早期金融发展理论、金融深化论、金融约束论及金融系统的"功能观"论。

2.2.1　早期金融发展理论

20 世纪以前，货币中性论处于垄断位置，该理论认为货币量能够导致物价水平的变动，但对经济不会产生实质影响。克纳特·维克塞尔在《利息与价格》中指出，货币金融会冲击现实经济活动，货币拥有价值贮藏和资本积累的功能，并将货币理论与经济理论相结合，论述了货币在经济增长中的影响效应。他对货币数量论持积极态度，认为货币除了在流通中有作用，在投资、生产和储蓄等的活动中也有积极作用，此外，他对货币利息率与自然利息率之间的均衡变化进行了着重分析，提出价格变动取决于储存和投资，从而认为"利率是价格的调节者"，货币金融会影响现实经济活动。之后，凯恩斯等学者也均诠释了金融和经济活动之间的关系。

熊彼特（Schumpeter，1926）对经济发展和金融的关系进行了较为系统的研究和论述。他指出，银行机构在经济发展中发挥着关键作用，银行向创新技术企业提供信贷支持满足企业资金需求，从而促进经济增长。创新需依靠资本投入，而资金的大部分来自银行信贷，因此银行被视为一个国家金融系统是否成熟的基本标志。根据此论述，储蓄资源的调节和配置可作为银行体系对经济增长的影响方式，所以，熊彼特对经济增长与金融发展论述主要体现在银行对技术进步、生产力的作用上。现代金融发展理论诞生于 20 世纪五六十年代。爱德华·肖（Edward S. Shaw）、帕特里克（Patrick）、戈德史密斯（Goldsmith）等的理论是现代金融发展各项理论的基石。

2.2.2 金融深化论

麦金农和肖（Mckinnon and Shaw，1973）进一步研究了金融发展理论，认为金融发展能促进经济增长，金融抑制却制约投资规模和投资效率，不利于经济发展，解决金融抑制的有效措施是金融自由化。但赫尔曼（Herman）、穆尔多克（Milldoc）、斯蒂格利茨（Stiglitz）等通过对发展中国家的金融机构发展所呈现的状态的研究，发表言论抨击了麦金农和肖的理论，认为只要金融约束适度，不但不会抑制发展中国家经济增长，反而会促进其增长。

20世纪60年代之前，传统金融主要是以发达国家为研究对象，约束性比较苛刻，不符合发展中国家的基本国情。于是，麦金农（1988）和爱德华·肖（1988）依次出版了《经济发展中的货币与资本》和《经济发展中的金融深化》。它们的共同点是，其研究对象均是发展中国家的货币金融，区别是麦金农研究金融抑制，爱德华·肖则是金融深化，他们的视角各异，但是都对传统金融理念进行了反思，并扩展性地论述了发展中国家金融和经济增长之间的关系，阐明了发展中国家金融系统的特殊性及其相应政策建议，后人就把他们的理论称为金融深化理论。该理论非常强调金融在经济发展中的地位和影响，是对传统理论的进一步完善。

金融深化理论将发展中国家货币金融的特点划分为4种：货币化水平不高，表现为商品与服务的货币化比例小，市场常伴有物物交换的情况；金融结构二元性，表现在大都市以现代化大型银行、保险等金融机构为主，而乡镇农村聚集了钱庄和当铺等传统金融机构；金融市场不发达，反映在众多小型企业与个体无法获取外界融资支持，不得不进行内部融资，资金融通渠道狭窄且堵塞；政府过度干预，发展中国家乐于监控专业性银行，过度干预中央银行和商业银行体系业务，银行业间难以正常竞争。

而金融抑制促使资本价格陷入发展中国家的金融管理当局的掌控中，强制的低利率政策引起资本不足，从而利率不能真实衡量这些国家资金的供需情况。同时，在资金匮乏和利率管制前提下的计划配给形式的信贷，严重扭曲了资本分配结构。

2.2.3 金融约束论

20 世纪 70 年代以来，大部分发展中国家采纳金融深化理论思想，积极倡导金融自由化改革，可是实践结果不尽如人意。尤其乌拉圭、阿根廷及智利等国情况反而变得更严峻，比如企业大量破产、恶性通货膨胀、失业持续攀升等。于是，经济学家们又开始另辟蹊径。

施蒂格利茨以新凯恩斯学派为基本框架，总结出发展中国家的金融市场不成功的缘由，建议政府通过设立非直接管理制度来监督金融市场，同时制定监管准则和范畴。赫尔曼（Herman）、穆尔多克（Milldoc）、斯蒂格利茨（Stiglitz）等于 1997 年提出了一个重要理论——金融约束。该理论认为政府利用一些金融政策可以避免遭受金融风险，其前提条件，应具备不高的通货膨胀率、稳定的宏观经济环境、符合市场要求的企业和银行行为以及政府对经济市场的较少干预等。政府借助调节存款利率、把控银行准入等相关政策，依托银行创造信用，促进信贷资源高效配置，深化金融体系，为发展中国家金融体系营造稳定、安全的环境。

但是，也有一些不良影响，具体如下：其一，中小银行迫于市场高门槛，难以顺利进入市场，占据主导位置的银行一般毫无创新意识，没有竞争的市场结构，导致银行业无法健康成长。其二，强制管控直接融资是力不从心的，国家资金充沛有助于推动经济增长，每个国家都希望拓宽融资途径，但不可能长时间管制资本市场。其三，人们作为理性经济人，更偏好多样化的资产投资组合以分散风险。因此，金融约束政策的推行存在挑战。金融约束论通过管制利率来推动经济进步，然而，在市场经济前提下，利率作为传递市场信号的工具，往往能够引导资源的有效配置。倘若要发挥利率的市场信号功能，就不得不实行市场化的改革。但是，金融约束理论维持利率稳定的做法，违背了市场规律，加之政府失灵现象时有发生，政府干预金融市场势必引起资源配置失衡和制约经济发展。

2.2.4 金融体系的"功能观"理论

在经济增长历程中，金融体系的功能显得尤为关键。金融系统依靠金融资源市场化，达到有效配置社会资源的目标。早在20世纪90年代，兹维·博迪（Zvi Bodie, 1993）和罗伯特·C. 默顿等（Robert Cox Merton et al., 1993）提出了金融体系功能理论，它包括两大理论假设：假设1是金融功能的变化速度往往不及金融机构的变化速度，可以说，金融功能比金融机构更平稳；假设2是宏观上金融机构的组织结构与其功能比较，金融功能更重要，金融机构的日新月异的创新和竞争有益于增进金融系统的功能与效率。

兹维·博迪和罗伯特·C. 默顿（1995）讲述了六个关于金融体系的核心功能，依次是清算与支付结算、集聚与配发资源、不同时空之间移动资源、风险控制、信息公布、应对激励难题，它们互相联系，既可作用于一套金融机构，也可以作用于不同机构来呈现。换言之，不同金融机构之间面临功能交集，多种功能间亦会出现机构交叉。莱文基于金融功能观角度，实证发现每一种金融功能都能依靠技术创新与资本积累来作用于经济增长。技术上，金融体系通过技术创新来规划经济增长；资本积累上，金融体系则凭借影响资本的形成来把握经济增长。

2.3　供给侧结构性改革理论

供给侧，强调供给方面。供给侧结构性改革则是侧重改革供给端。供给侧理论最早可追溯到萨伊，他首次发表了"供给创造需求""产品只能用产品来购买"等观点，之后的经济学家们在萨伊基础上逐渐研究和完善了供给理论体系。但是 1929 年爆发的经济危机令萨伊定律"失宠"，将凯恩斯理论推向经济学主流高峰。凯恩斯经济学注重依靠需求管理来应对经济波动，尤其在经济衰退时，采取增加政府公共开支的措施，以对抗经济波动；而供给派经济学家则重视供给端的影响，提倡借助财政和货币手段来刺激厂商优化产品结构和改进产品质量，通过创新技术和提高全要素生产率以促进经济的供给水平。到 20 世纪 70 年代，全球爆发的"滞胀"危机让凯恩斯理论失灵，为拯救各国经济，美、英等国纷纷另谋出路，试图从供给端着手调整经济，于是供给侧理论又重见天日。供给学派侧重于利用调整并优化经济结构，完成社会资源的有效配置，以促进经济增长。

2.3.1　供给学派理论

供给侧思想发端于古典政治经济学创始人配第，他的劳动价值论指出财富增长的源头是生产领域，也就是供给侧。亚当·斯密在《国富论》中首次提出：人们所有的生活必需品来源于劳动，而产品与消费者人数的比例决定了一国消费品供给状态的优劣。李嘉图继续扩展了亚当·斯密的理论，他指出：首先，供过于求不是经常发生的，只有满足协调不成功、测度错误和比例失衡等条件才成立；其次，不赞同马尔萨斯有效需求普遍不足的观点，认为发生普遍消费不足是小概率事件；最后，随着资本的积累，当储蓄等于投资时，消费与投资之间往往会存在交集。

简单的供给学派认为劳动力与资本是促进经济增长的源泉。个体和厂商之所以供应生产要素并参与经营活动，其动机是获得回报。自由市场可以主动调控生产要素的供应与使用，故而应当清除制约市场调节的要素。该学派的典型人物之一拉弗，将供给经济学定义为："给予一种对个体与企业激励的分析结构。人们会因激励来变换自己的策略，为有利激励所迷惑，遇到不利激励就躲闪。政府在分析结构中的义务就是行使其职能去调节激励，从而影响大众的决策"。①

供给学派拥护的经济政策具有放任经济自由及政府不干预的特点，注重一切依靠市场自动调节，也成为当时大部分资本主义国家倡导的经济政策。但是，1929 年发生的经济大萧条迫使上述理论被遗弃，这时以"有效需求不足"为基石的凯恩斯主义受到资本主义国家的热烈追捧，演变成重要的宏观调控手段。实际上美国的"罗斯福新政"采取一系列需求管理措施，帮助美国顺利度过了这次经济危机，同时使得凯恩斯主义在二战后成为西方国家调控经济的核心手段。凯恩斯主义人为地扩大需求，到 20 世纪 70 年代，发达国家出现"滞涨"危机，让凯恩斯理论失效。自由主义经济学派强调政府的干预阻碍了市场活力，是引起"滞涨"的罪魁祸首。由此，以蒙代尔、拉弗等为代表的供给学派思想起死回生，为里根政府与撒切尔政府的经济策略提供了理论支撑。

供给学派有两大理论基石：一是供给四要素新增长理论，认为经济供给方面的增长源泉来自劳动、资本、技术及土地 4 个因素，借助模型分析了各要素对经济增长的贡献程度，后来逐渐演化成供给侧新增长理论；二是"拉弗曲线"，它反映出政府税率会出现一个拐点，高税率不利于企业增加生产，因此需要削减企业税赋，其根本是要求政府采取低税率激励企业进行生产经营，以提高它们的实际收入。

---

① Arthur Betz Laffer. Tax Rates：Factor Employment，and Market Production. The supply – Side Effects of Economic Policy［M］. Springer dordrecht. 1981.

英国首相撒切尔夫人为应对英国经济萎缩进行了一系列供给侧结构性改革，主要手段包括减少税收、私有化、放松管制和削减工会权利。她把20家大型国有企业私有化，不仅提升了生产率，企业还为政府带来了资金。此外，通过减少税收来降低企业成本，释放经济活力。英国经济于1982年初开始反弹，之后迈入经济复苏期。1981年，里根当选美国总统后，主张"经济复兴计划"，其涵盖了调低税率、政府不干预、削减公共支出、减少货币供给等一系列手段。但是在里根任期结束之前，美国就业、储蓄、投资以及全要素生产率均未发生显著变化，"经济复兴计划"在改善激励方面略显不足。美国人指责里根没有进行供给侧结构性改革，更窘迫的是，里根任期内政府的财政赤字大幅度攀升。随后，克林顿政府提高税收的行为，验证了里根的减税和削减公共支出等策略不能应对短期宏观经济周期问题。里根经济学的落败使供应经济学再度遭受冷落。

2008年金融危机后，供给经济学又重新走入公众视线。欧盟委员会把结构性改革奉为治愈经济萧条的三颗"定心丸"之一，它主要围绕供给端开展，具体涉及劳动力市场自由化、服务业自由化、改善商业环境、提倡创新等。

2.3.2 新供给主义经济理论

改革开放后，中国经济逐步由计划经济向市场经济过渡。随着市场经济地位的巩固，国内经济进入新常态模式，实体经济处于转型阵痛期，自2007年以来，中国经济增速逐步放缓，2015年国内GDP总量高达676,708亿元，较2014年增长6.9%，降至16年以来增速最低点；而2015年末广义货币供应量M2高达1,392,278亿元，较2014年增长13.34%，较1996年增长了17倍多，[①]并且M2和M1缺口不断扩大，

---

① 资料来源：国家统计局官网.2015年国民经济和社会发展统计公报，http://www.stats.gov.cn/sj/zxfb/202302/t20230203_1899041.html.

呈现出流动性陷阱的迹象，货币边际效益明显下降，并且近年增发的货币大量流入到房市、股市中，助长了资产及经济泡沫；与此同时，2015年来，国家连续 5 次降息、降准，批准了 2 万亿基建项目，① 但投资增长依然较慢，工业投资增速持续下行，钢铁、煤炭等产业产能严重过剩，低端制造业持续向外转移；中国就业压力上升，人口结构到达拐点，人口抚养比触底回升；商业银行不良贷款率持续上升，金融风险不断加大；同时采取传统的需求端刺激经济，收效甚微，而国内消费增速依然下行，居民在海外迅速扫货，出境游持续高位增长，经济明显出现供需错配，在经济需求侧因素刺激及货币政策效果不明显的情况下，国家已经深刻认识到必须从供给端探索经济改革路径。

由于现阶段中国经济背景、发展现状、社会制度等多方面环境和 20 世纪 70 年代供给学派面临的情形存在很大不同，为更好解决中国经济问题，我国在 2015 年提出了供给侧结构性改革的举措，通过提升供给侧效率和质量来驱动国内经济增长，实现国民经济可持续发展，该项改革举措的重点是"去产能、去库存、去杠杆、降成本、补短板"，核心是"提高全要素生产率"。经济学家张卓元教授认为此次供给侧结构性改革的提出具有开创性意义，未来中国将更加强调通过提高供给体系质量和效率来驱动新经济增长，推动经济结构调整优化和长期健康可持续发展。

近年来，国内逐渐形成了新的经济学派——新供给主义经济学派，该学派认为"新供给创造新需求"，通过积极引导资源、转型业态等措施，可达到"去产能"目的，实现经济顺利转型，如新供给经济学家滕泰认为乔布斯通过创造 iPhone 智能手机产品，创造出大量的用户需求，使智能手机整个产业规模迅速扩大，从而促进经济发展。② 新供给

---

① 资料来源：国家统计局官网.2015 年国民经济和社会发展统计公报，http：//www. stats. gov. cn/sj/zxfb/202302/t20230203_1899041. html.

② 任绍敏，腾泰.供给侧改革重新凝聚改革共识［N/OL］.第一财经日报，2015 – 12 – 30. https：//www. yicai. com/news/4733007. html.

经济学还将经济周期重新划分为4个阶段：新供给形成阶段、供给扩展阶段、供给成熟阶段及供给老化阶段。在新供给形成阶段，随着技术的进步，新的供应模式已经形成。但是，原有的供求结构依然存在，经济正处于新一轮的开始，经济逐渐开始回升。在供给扩张阶段，新的供给逐渐满足社会需求，而新需求又被新供给不断催生，二者良性互动，经济处在高速增长期。供给成熟阶段，新技术进一步成熟，社会供给充足且在不断增长，而社会需求则达到峰值，经济快速下降。供给老化阶段，该阶段供给处在过剩阶段，新的供给又尚未形成，社会需求相对供给来说持续下降，经济萧条。

新供给经济学主张通过放松行政、投资、税收三大成本的约束来修复需求和供给的自发调节机制达到最终均衡状态，从而推进经济增长。同时，新供给经济学还主张通过供给侧结构性改革来解决经济中的各种问题。国内学者滕泰（2013）认为供给侧结构性改革是通过降低投资成本，加大减税力度，取消行政管制，解除供给抑制、放松供给约束，削减供给成本，增强供给效率，激发新供给，创造新需求来进行的；冯志峰（2015）认为供给侧结构性改革应从金融、产业、财税等制度方面，教育、收入分配等机制方面以及技术创新等几个层面来推进改革；胡鞍钢等（2016）认为供给侧结构性改革短期以"去产能、去库存、去杠杆、降成本、补短板"为核心，长期则是转变经济增长方式，落实"创新、协调、绿色、开放、共享"的新发展理念，来实现经济持续增长；贾康（2016）指出供给侧结构性改革是"深化改革"的重心，是释放经济活力、完成经济转型的系统工程，政策主张可概括成"八双、五并重"，并建议供给侧结构性改革就是国家从经济供给要素着手，优化供给要素组合，提升供给效率及质量，引导并创造新需求，促进经济可持续发展。腾泰（2019）提出由"供给结构"决定的"新供给经济周期理论"。在渐进式改革的后期阶段，必须深化供给侧结构性改革，深化"放管服"改革，解除各种供给约束，才能真正完成经济转型，让市场在资源配置中发挥决定性作用。并提出了按要素贡献分配、兼顾效率与公平的分配理论，以及如何培育中等收入群体的改革建议。此外，新供给经济学建立了物价波动的"供给冲击模型"，提出了与凯恩斯主义完全不同的宏观价格管理理论。

总之，新供给主义经济理论的经济调控思路更广，始终坚持"市场有效、政府有为"，注重发挥政府产业引导、经济结构调整、降低供给成本等作用，与西方供给学派主要借助减税、放松政府管制等手段提高微观经济效率来应对短期宏观经济不景气问题是有巨大区别的。

2.3.3 金融供给侧结构性改革理论

现阶段，国内经济处于新常态模式，实体经济迈入转型阵痛期，中国金融资源在时间和空间配置上存在一定扭曲，金融行业对实体经济行业的支持力度和方向明显不足，在宏观经济形势复杂多变的背景下，金融机构的信贷行为日趋谨慎，更不用说支持文化产业发展；同时，金融产业也存在各种问题及风险：金融资金筹集与运用之间存在明显的期限错配风险，如金融机构的"短存长贷"，金融机构将短期资金使用长期化；潜在流动性风险，如企业"短贷长投"，企业将短期借款投向长期固定资产，企业借新还旧，通过新的借贷资金偿还旧的借贷资金；融资结构不匹配，如企业债券融资大大高于股权融资。为了有效推进国内经济发展，实现经济平滑增速换挡，有必要推进金融供给侧结构性改革支持国内各项产业发展。

从金融供给侧结构性改革来看，杨涛（2016）认为金融供给侧结构性改革的内容包括设立多层次金融机构体系、健全金融市场体系、丰富金融宏观调控手段、强化金融创新功能、增进金融开放度、完善金融治理体系。张惠（2016）认为金融机构要支持供给侧结构性改革，需要从支持"三去一降一补"、降低金融系统风险、改革金融体制机制等角度实行。杨甜娜（2016）提出推进供给侧结构性改革过程中应将调整金融机构的制度结构和制度供给作为龙头，推动直接金融市场成长壮大、间接金融市场健全增效、开发多元化金融产品，实现各类需求"无缝对接"的现代金融体系。徐洪才（2016）认为金融是现代经济的核心，中央银行、商业银行及资本市场应携手，在供给侧结构性改革中共同出力。乔海曙和杨蕾（2016）认为我国金融市场存在货币宽松但资本不足，劣质供给多、有效供给欠缺的双重问题，金融资源陷入"脱实向虚""体内循环"的困境，并从金融环境、市场以及金融结构等方面提出了金融供给侧结构性改革的对策建议。刘光溪（2017）认为加快推进金融改革结构性立法工作，地方政府大力施行地方金融深化改革和县域三级金融改革创新服务便捷化，是当前金融供给侧结构性改革的重要着力点。贾康（2019）提出要改善金融供给，畅通供给渠道，优化金融结构，提升配置效率和降低配置成本。

金融供给侧结构性改革为当前国内供给侧结构性改革的核心，根据中国金融供给侧现状及新供给主义经济理论，可认为金融供给侧结构性改革就是改变以往金融行业需求端粗放的经营方式，从增强金融供给质量的角度出发，纠正金融供给中资源配置失效的状态，增添优质金融供给，调整金融供给结构，提升金融供给质量，优化资源配置，完成金融对产业升级支持作用的过程，金融供给侧结构性改革主要内容包括金融供给政策制度、金融机构供给主体、金融供给产品等方面。

2.4　本章小结

本章主要介绍了3大理论：产业发展理论、金融发展理论、供给侧结构性改革理论。具体包括产业生命周期理论、产业结构演变理论、早期金融发展理论、金融深化理论、金融约束理论、金融体系的"功能观"理论、供给学派理论、新供给主义经济理论、金融供给侧结构性改革理论，回顾和梳理这些理论的发展脉络和最新进展，将它们作为本书的理论前置。

第3章

文化产业发展的金融供需分析

新兴产业的快速崛起，往往需要一个卓有成效的"金融＋科技"的协作方式来支持。文化产业是以创新为核心的新兴业态，作为战略性新兴产业，其成长和创新行为不单是一种纯粹的企业化活动，更是一项政府指导与促进的社会化活动。文化产业的繁荣离不开金融的支撑，和一般性产业相比，文化产业"轻资产"和"高风险"的特征，使得文化产业的金融供给侧不足、供给结构不合理、金融供给效率低等问题更加严峻，迫切需要针对性、系统化的金融支撑体系供给侧结构性改革。

3.1 文化产业定义、分类及特征

3.1.1 文化产业的概念

尽管"文化产业"在全球受到了广泛关注，大量学者也对这一概念进行了研究，然而，因为人们研究的立场、角度、方法不同，"文化产业"还没有一个统一的名称。按照包含的内容，美国称之为版权产业（copyright industries），英国、澳大利亚称之为创意产业（creative industries），西班牙称之为文化休闲产业（cultural entertainmental industries），中国、德国、荷兰、韩国等许多国家称之为文化产业，还有的国家或学者称之为文化工业（cultural industry）或内容产业（content industries）等。

3.1.1.1　国外对文化产业的定义

马克斯·霍克海默和阿多诺（1994）最先定义了文化产业，他们认为，一旦文化生产与科学技术相结合，形成工业体系，就会产生强大的力量。他们用"文化工业"一词定义这个体系。之后，很多学者基于各个视角解释了文化产业的内涵。

英国学者安迪·C. 普拉特（Andy C. Pratt，2004）认为，文化产业和以文化为载体的原料生产中的各种行为是相关的，涵盖生产投入、内容的创意、再生产及交易等环节，彼此融合形成巨大的文化产业生产体系。美国学者大卫·爱斯门（David Hesmund，2016）解释，文化产业一般是指与社会意义的生产最直接相关的机构。

澳大利亚的斯图亚特·坎宁安（2004）则强调文化连接着出版、教育、设计，以及电子商务等服务业，所以文化产业的概念必须随之扩展，对文化产业的界定应更具包容性，他倾向于使用"创意产业"一词。芬兰的芮佳莉娜·罗马（2004）通过金字塔模型描述了文化产业内涵的发展历程，系统地归纳了文化产业概念的方方面面，并给出了自己的观点：无论从哪个视角来定义文化产业，都必须建立在"经济＋艺术＋技术"的基石上。

各国研究者从不同视角和背景定义了文化产业的内涵，虽然各持己见，不过皆阐释了文化产业的重点内涵，比如文化产业的内容因素、经济价值、产业特征，因此本书给出的共同定义是：所谓文化产业是指为社会经济供应文化产品及服务的经济活动的总和，注重创意和知识产权。

3.1.1.2 我国对文化产业的界定

关于文化产业的定义，我国参考国外文化产业的概念，并结合实际国情进行了相关研究，但直到 21 世纪初，我国学者对于"文化产业"概念的内涵与外延仍然没有形成共识。

2003 年 7 月，由中国共产党中央委员会宣传部牵头，设立了由国家统计局、文化部、新闻出版总署、广电总局、国家文物局等机构共同构成的"文化产业统计研究课题组"，科学地定义了文化产业概念，并建立了中国的文化产业指标体系。国家统计局于 2004 年出台了《文化及相关产业分类》，给出的定义是：文化产业指为社会大众供应文化、娱乐产品与服务的行为，及和这些行为相关的活动的集合。根据上述界定，中国政府把文化及相关产业的范畴规定为：文化传播服务（比如广播电视、博物馆、文艺表演等）、供应文化产品（比如音像制品、图书等）以及文化休闲娱乐（比如室内娱乐活动、景区服务、健身娱乐活动等），这些构成了文化产业的主体；同时，还罗列了和上述活动密切相关的设备、产品的生产和销售行为以及相关文化产品的生产与销售行为，这些构成了文化产业的补充。

3.1.2 文化产业的分类

联合国教科文组织最先提出了文化产业分类准则，为各国文化产业的统计事务提供了统一的认知标准，也为各国构建自身文化产业框架提供了借鉴。具体而言，文化产业由社会文化活动、文化遗产音乐、音频媒体、表演艺术、视听媒体、视觉艺术、出版印刷业和著作文献、自然与环境及游戏与体育等 10 个种类构成。[①] 但是，由于各国国情迥异，它

---

① 乔桂明，刘沁清等 . 文化产业的金融支持与服务创新 ［M］. 苏州：苏州大学出版社，2013.

们会依据本国的特殊性来划分文化产业。

3.1.2.1 国外对文化产业的分类

1. 英国文化产业的分类

20 世纪 80 年代，英国曾使用文化产业的称谓，不过在 1997 年后，英国政府使用"创意产业"取代了"文化产业"。所谓创意产业是指通过个体创意、才能和技术、生产和使用知识产权，创造出就业机遇和社会财富的产业。其分为 13 大类型：建筑、出版、广告、工艺设计、音乐、流行设计与时尚、休闲软件游戏、电影录像带、广播电视、表演艺术、软件与计算机服务业、艺术和古董市场。①

2. 美国文化产业的分类

为了核算创意产业对美国经济的作用，美国国际知识产权联盟于 1990 年首次引入了"版权产业"的概念。版权产业涉及所有同知识紧密联系的行业，主要有音像录制、出版、电影与其发行、商业软件等。可以说，版权产业基本囊括了创意产业的所有类别，因此美国的版权产业等价于文化产业或者创意产业。

版权产业又可分为四类：一是"核心版权产业"，它的特点是研发、生产及扩散具有版权的作品或者受到版权保护的产品，涉及报刊出版、广播影视、图书、戏剧创作、录音录像、计算机软件和数据处理、广告等；二是"部分产权产业"，包括玩具制造、建筑业、纺织等；三是"发行类版权产业"，其特点是将版权作品销售给消费者，涵盖了书店、电影院线、音像制品专卖店、图书馆及有联系的运输服务业等；四是"版权关联产业"，其特点是该行业产品需要同版权物品搭配运用，包括计算机、游戏机、收音机、录像机、电视机、音响设备等。②

---

① 英国文化、媒体及运动部.2001 创意产业规划文件［R/OL］.英国政府官网，www.gov.uk/government/publications/creative-industries-mapping-documents‒2001.

② 乔桂明，刘沁清等.文化产业的金融支持与服务创新［M］.苏州：苏州大学出版社，2013.

3. 加拿大文化产业的分类

加拿大界定文化产业为以遗产古迹、艺术创造为基础生产的各种行为及产出。以此为标准，加拿大文化产业统计框架见表 3.1。

表 3.1 加拿大文化产业分类

大类	细分行业
传统艺术和文化行业	创作和出版、电影、广播、声音录制和音乐出版、表演艺术、视觉艺术和手工艺术、节日
现代艺术活动	建筑、设计、摄影、广告
遗产古迹	博物馆和画廊、图书馆和档案馆、自然保护区（公园、植物园、动物园、历史名胜、天文台等）
支持设施	艺术和文化教育、政府活动、相应设备、专业协会、代理机构、发起人（如票房代理等）

资料来源：乔桂明，刘沁清等. 文化产业的金融支持与服务创新［M］. 苏州：苏州大学出版社，2013.

4. 韩国文化产业的分类

韩国官方的文化产业统计指标涵盖了摄影、出版印刷、艺术文化教育、广告、音像、新闻、游戏、电影、博物馆、广播、图书馆、演出、创意性设计、建筑、工艺品及民族服装等。

5. 日本文化产业的分类

日本统计局将文化产业划分为文化艺术业（比如展览、音乐、电影、戏剧）、信息传播业（比如网络、电视等），以及博彩、观光旅游、体育等。

6. 澳大利亚文化产业的分类

澳大利亚统计局出台了《澳大利亚文化和娱乐分类》，将文化产业分为行业分类（4 种）、职业分类（9 种）、产品分类（26 种）三大类。在行业分类里，文化和娱乐产业包括艺术类、遗产类、体育和健身娱乐类和其他文化娱乐类。①

3.1.2.2　我国对文化产业的分类

国家统计局于 2018 年出台了《文化及相关产业分类》，最先从政府统计视角科学、系统地界定了文化与相关产业。该文件把文化产业划分为 9 大类、43 个中类和 146 个小类。

1. 行业大类

行业大类包括新闻信息服务、内容创作生产、创意设计服务、文化传播渠道、文化投资运营、文化娱乐休闲服务、文化辅助生产和中介服务、文化装备生产、文化消费终端生产 9 个行业构成，这些行业将社会效应的重要性摆在首位，承担着建设中华民族现代文明的重任，代表着中华民族的精神层次、文明程度和整体文化水平。

2. 行业中小类

43 个文化产业组成了中类，并细化了大类的概念，比如"内容创作生产"大类包括了"出版服务""广播影视节目制作""创作表演服务""数字内容服务"和"内容保存服务"等中类。这些中类共同构成了一个全面的文化创作和生产体系，涵盖了从书籍出版到影视制作，再到数字内容和文化遗产保护等多个方面。在中类的基础上拆分成 146 个小类，它们是对中类内容的进一步细分，确保了分类的详细性和全面性。进一步细分小类为弥补基础薄弱、行业覆盖不全面等统计短板提供了机遇，并且聚集了行业新面孔、新业态，打开文化产业发展的新视野。

3.1.2.3　本书文化产业研究范围的界定

我国文化产业范围界定分为文化核心领域和文化相关领域，前者为

---

① 乔桂明，刘沁清等．文化产业的金融支持与服务创新［M］．苏州：苏州大学出版社，2013.

直接满足人们的精神需要而进行的创作、制造、传播、展示等文化产品（包括货物和服务）的生产活动。后者为实现文化产品的生产活动所需的文化辅助生产和中介服务、文化装备生产和文化消费终端生产（包括制造和销售）等活动。

3.1.3 文化产业的特质

3.1.3.1 文化产业的文化特质

文化由文化产业、文化事业及思想道德建设等要素构成。文化产业作为文化要素的产业化，其生产元素是抽象文化，文化元素是文化产业的基石与内容，尽管现实物质是抽象文化的载体，然而，抽象文化元素的权重要比现实的物质载体宽泛得多。它的发展不仅要符合市场经济的运行规律，还要沿袭文化的发展轨迹，以实现社会效用最大化。社会效用指的是某种行为结果对社会发展所产生的作用。文化产品的社会效用具体集中体现在4种功效上，即指导功效、净化功效、导向功效以及服务功效。增强大众的文化水平和思想道德素质是文化产品的首要任务。

3.1.3.2 文化产业的经济特质

文化生产力作为社会生产力不可或缺的要素，这就注定了文化产业拥有经济属性。文化产业以社会需求为导向，以文化元素为经营对象，连接产权，将现代企业规制作为产业运营方式，组成了科学的产业经营机制和规范的内部管理制度，通过市场化有效分配文化资源，依照当代产业专业化生产标准构造文化生产元素，将生产、再生产、转移及消费等步骤综合成一个健全的产业体系，推动文化产业在国民经济运行环境下架构起符合国民经济发展需求的产业结构，推进文化产业经营的联合化、集约化、规模化及效益化，同时增进文化产品生产和服务的市场化、社会化、法治化，实现以本业为主导、跨界融合经营、多元化发展的目标，从而助推国民经济与社会发展进步。文化产业实质上是由主打产业、关联产业以及衍生产业组成的"一条龙"式的产业集群。文化企业的服务对象是市场，在不断积累和成长中，通过合法运营实现经济效用最大化。

3.1.3.3　文化产业的内涵和外延之发展特质

不同于社会意识形态或公益性文化事业，经营性文化产业主要是处在文化和服务业的中间地带，是经济文化与文化经济化、文化与经济协同进步的结果。此外，各种经济活动也常伴有文化的身影，反过来又推动相关产业参与文化产业，它的外延和内涵紧跟它成长的步伐而繁衍，进而使文化产业的外延逐渐膨胀，便有了发展的特质。可以说，"文化产业"内涵也在不断演变。关于文化产业的行业辨别与产业归类，既要注重历史，又要着眼于实际，更要放眼于未来。具体而言，首先各国政府需立足本国基本国情和历史文化，差异性对待文化产业的行业界定与产业分类。其次所厘定范畴应依循经济社会变化、国家管理体制改革的节奏进行调整。再次具备开放性，标准制定要强调与时俱进，根据经济环境变化及时更新行业内容，删减落后行业类别。最后要与国际接轨，在整体框架上应同联合国的分类规制相一致，方便于各国间横向对比。

3.2　文化产业的金融需求分析

文化产业的发展离不开金融的支持。《新帕尔格雷夫经济学大字典》将金融解释成"资本市场的操作，资金的供应和定价"。[①] 从本质

---

① ［英］伊特韦尔约，等. 新帕尔格雷夫经济学大辞典［M］. 北京：经济科学出版社，1996.

上而言，金融是进行跨时空的价值流通与互换。唯有资金畅通无阻，文化企业才能立于不败之地；唯有拥有资金的保护屏障，文化产业才得以转变为生产力，继而推动经济增长。金融市场的发展，特别是现代金融衍生工具的应用，需要和其他部门协同合作。文化产业的资金需求既对金融产品创新寄予了新期待，亦对促进多元化的金融产品发挥了推动作用。

3.2.1 文化产业的金融需求内在机制

文化产业的金融需求体现在金融政策与金融市场两大方面。金融政策与产业政策共同引导文化产业成长与壮大，金融市场在文化企业投融资中扮演了举足轻重的角色，助推文化产业的转型升级。

一方面，金融政策对文化产业的影响。诸如货币政策、信贷政策和其他金融政策等都会影响文化产业。货币政策是由央行制定，尽管没有针对性地引导具体区域、具体行业，也不直接作用到文化产业之资金流向，但是，因为文化企业通常是中小民营企业，面对政策调整的随机应变能力较差，故货币政策的松紧，也会潜移默化地影响文化产业发展。而信贷政策相比货币政策更有时效性和针对性，会对文化产业产生直接效用。执行差异化利率政策、实施文化产业担保制度、拟定信用等级等，均在很大程度上影响企业的贷款成功率。其他的金融政策还涉及调低上市和发行债券的最低标准、重新建立文化产业融资机制、刺激民间资本等。上述政策难免存在理论和体制上的桎梏，政府不仅要维持社会稳定和经济良性发展，更要扫除制度桎梏，为文化企业营造健康的经营环境。

另一方面，金融市场对文化产业的影响。在现行金融体制下，金融市场为了支持文化企业发展，一般依靠信贷市场和证券市场。信贷市场是文化企业向银行借款获得资金，而文化企业在证券市场上通过债券和股票方式融资。同时，为获取经营资本，文化企业常常借助风险投资和

私募股权投资等手段。

3.2.2　文化产业的金融需求特征

资源、人才、制度、技术及金融成为文化产业健康发展的重要制约因素，特别在现代产业演变发展进程中，金融被称为产业发展必备的第一外部要素。按照国家发改委投资研究所统计，2022 年中国文化产业的投资规模年均增长率高达 7.6%，可见，其金融需求十分旺盛。而文化产业投资回收期限长、投入大、风险大，多数还是初创期的中小企业，需要大量的金融资源供给。通过对资料文献的分析，可以归纳总结出文化产业对金融需求的特点：

首先，文化产业的金融诉求主要体现在产品设计的前期，如影视剧的项目开发制作，企业在前期往往缺乏资金，对投入时间长的项目而言，如游乐场的兴建需要耗费多年，常常有不断追加资金的需求。

其次，产品研发和项目完成后，其销售业绩会面临诸多风险，如消费者的预期、同类产品竞争，使企业不得不和宣传媒体、广告公司进行协作，如电影发布会，这样也会产生后期资金需求。

最后，文化产品只要获得市场认可，其产品生产链就会引起连锁反应，以迪士尼公司为例，旗下开发的卡通人物普遍应用于游戏、影视、食品广告等周边消费品，亦会拉长产品资金回报链条，在这个时期，金融诉求相对于产出来说相对较小。恰是这种收益和风险不稳定的行业特点，使得文化企业饱受"融资难"之苦，这也恰是研究金融供给文化产业的意义所在。金融的宗旨是融通社会资金，让资金从供给端流通到需求端，投入到扩大再生产过程中，完成资源的优化配置。现阶段，文化产业的资本需求旺盛与其供给不足是最突出的矛盾，因此，"文化＋金融"方式是文化产业"成为国民经济支柱产业"的最优路径选择。

3.3 文化产业的金融供给问题

新常态下，我国宏观经济管理的重点逐渐从需求侧转移到供给侧，供给侧结构性改革是当前中国全面深化改革的重要命题。推动供给侧结构性改革，既是应对金融危机爆发后综合国力竞争新形势的积极探索，也是顺应和引导我国经济发展的重大创新，更是符合经济新常态的必然要求。"降低无效供给，增加有效供给，提高供给结构对需求结构的适应性"是供给侧结构性改革的侧重点。从根本上看，供给侧结构性改革就是借"改革之剑"铲除常年积聚的体制性、制度性及结构性方面的桎梏，重新调整结构，让供给更好地适应需求。在中国文化产业快速发展的历程中，文化产业也存在较为严重的结构性问题，最突出的是金融供给不足、供给结构不合理、金融供给效率仍然不高，导致文化产业需求和金融供给不契合，滋生了文化企业普遍融资难、融资慢、融资贵等现象，从而制约了整个文化产业的健康发展。

3.3.1 文化产业的投融资渠道单一

文化产业投资的源头集中在银行信贷、财政资助、民间融资、企业自有资本、外资。从国外文化产业成长的先进经验来看，这5个方面均是缺一不可的。但是，我国文化产业的投资出处却颇为单一，主要依赖财政资金，常限于财政援助，转贷、贴息等方式，缺乏多元化的社会融资渠道。非国有文化企业大部分从房地产、旅游、广告等联系密切的行业流入，其投资源头以企业本身原始积累为主，其中不乏一些优秀企业壮大到一定规模后，它们的资金来源呈现出多样化的态势，可是利用资本市场进行直接融资仍是困难重重。当前的关于上市公司盈利水平、企业规模、融资额度等入市规定，绝大部分是为大型国有企业量身定制的，中小文化企业哪怕具备高成长性，但迫于这些硬性指标，上市融资仍然面临诸多不利因素。此外，少数文化企业浑水摸鱼，上市后盈利水平一泻千里，造成的负面效应无疑加剧了未来中小企业的上市难度。最后，民间资本拥有的文化资源权利远远不及国有资本，竞争环境也欠缺公平，民间资本和外资入驻文化产业显得力不从心。

3.3.2　文化与金融缺乏联动

2010 年中国人民银行、财政部、文化部等九部委出台了《关于金融支持文化产业振兴和发展繁荣的指导意见》，为金融资本与文化产业链接提供了政策保障，然而，根据《2021 年度中国银行业社会责任报告》统计，当年文化产业贷款额为 1.64 万亿元，总的贷款额是 198.51 万亿元，所占比例只是 0.8%，相比于全部新增贷款 19.95 万亿元，占比为 8.2%，说明文化产业受到了金融机构的"冷落"。

首先，金融机构不熟悉文化产业，也缺乏积极对接的动力。我国文化产业发轫迟，专业要求高、独立性强，尽管金融部门积累了大批传统产业的经验和数据，对文化企业却是较陌生的，双方存在严重的信息不对称问题，金融部门不但不熟悉文化产品的特征、属性、收益模式，对其风险也是束手无策，在趋利、避险双重本性驱动下，大部分金融部门更钟情于将资金投入熟悉、擅长控制风险的传统产业，即便是政府充当"红娘"，对文化产业仍是兴趣索然。从文化产业行业来看，文化产业业态丰富，包括动漫、影视、出版、广告、传媒等。现阶段，文化产业投资项目颇为丰富，涉及范围大，投资的影响要素琳琅满目，技术构造又繁杂，每个行业都各具特色，投资者对这些行业难以琢磨透彻。从文化产业链条来看，涉及步骤繁多，且业务性强，以电影为例，电影产业链包括发行、制片、上线等步骤，每个步骤的细微变化，比如上映阶段天气状况都会影响电影票房，从而影响其投资收益。倘若金融机构不深谙这一行业，就没法准确评估其风险。

其次，银行信贷标准高。银行很重视资金的风险性、收益性及流动性，已有投资标准往往为有形资产丰富的企业量身定做，相比之下，文化企业依靠独有的商业形式、人力资本占领市场，大部分缺乏固定资产，如厂房、土地、设备。此外，评估文化企业资产、核算收益、确定资金使用周期等程序亦明显区别于普通企业，银行在测评文化企业信贷时，仍然采用一般企业的衡量尺度，侧重质押、抵押，无疑让文化企业的融资问题"雪上加霜"。尽管文化企业具备诸多版权、品牌、专利权等无形资产，但是现实中这些无形资产经常遭遇估价窘局。

最后，文化产业方面的金融创新微乎其微。我国的金融创新一直滞后，针对文化产业的金融创新更是微乎其微，适合文化企业的金融产品品种不多。中小文化企业是我国文化企业的主要构成部分，企业规模小，有形资产匮乏，因此它们在抵押贷款时经常碰壁，即使符合标准，金融机构也会考虑到资金安全性和收益性而不放贷。不仅如此，在资本市场上，文化企业进行直接融资也是阻力重重，根据中国人民银行公开的《2015 年金融市场运行情况》，当年，有 132 家文化类公司借助债券市场销售债券 652 只，融资额为 5,873.19 亿元，仅占总融资的 2.8%。

3.3.3 文化企业"先天弱质"

文化企业拥有文化属性和经济属性。我国文化体制改革开始时间较晚，大部分文化企业依然面临"转企改制"，无疑加剧了文化企业的弱质性和复杂度，从而掣肘文化企业与金融资本的有效融合。

其一，文化企业市场化程度低。由于文化属性，各国都要严格控制文化企业。目前借助文化体制改革，一些事业单位化身为文化企业，尽管注重政企分开，可是"多头管理、条块分割"的情况依然屡见不鲜，造成治理难度大，经营系统受阻，还引发了产业垄断与行业壁垒，社会资本和外资也无法顺畅地参与到文化产业中。

其二，文化企业具有"高风险"性。风险和收益是一对孪生姐妹。

在文化产业不断壮大的路上，风险一直相伴相随。首先，投资风险。对于大部分文化企业来说，知识产权、文化创意、专项技术等都是"烧钱机"，这些无形资产价值往往不易变现和度量，又容易遭受市场和政策性波动的影响，在初始阶段投资收益率不确定、投入大、投资周期长、市场稳定性差的条件下，其投资风险显然高于普通企业。其次，政策风险。文化产业分割下的许多部门都具有较强的意识形态特征，长期以来受到政府束缚，尤其是政策对国有文化企业行为拥有强制性约束。国家在不同阶段会因宏观环境变化而调整政策，而政策风险会对企业经营状况产生负面效应，加大了运营风险。最后，信用风险。近年来，文化产业蓬勃发展，热钱流入文化产业领域。在此背景下，文化企业的资质参差不齐，难免有些企业乘虚而入，浑水摸鱼，进行欺诈。

其三，文化产业的盈利方式具有特殊性。文化服务与创意决定了文化产品的收益，唯有坚持产品的独创性才可提高核心竞争力，这就迫切需要源源不断地注入资源来孵化文化创意和设计。此外，文化企业的产业链特点凸显，强调整合链条资源，实现规模化运营，这个过程也急需充足的资金。从盈利时间来看，大部分文化产品从开发到获利所耗费的时间较长，无疑使文化企业融资"雪上加霜"。

其四，文化企业规模小且业务分散。根据国家统计局相关数据，到 2018 年底，全国有 402.6 万家小微文化企业，占总体文化企业的比重为 97.4%，其中小型企业数量高达 89.7 万家，占比 22.2%，微型企业个数是 312.9 万，其比重约为 77.7%，可见，国内文化产业以小微文化企业为主。这些小微文化企业不仅资金规模小，业务也很分散，无法产生规模效应。比如动漫业，按照 2018 年国家市场监督管理总局企业记录情况，注册资金小于 100 万元的企业约占企业总数的 73%，介于 100 万元到 500 万元之间的企业比重为 20%，500 万元以上的企业只有 7%，相比国外大型动漫集团，小微企业在产品质量和市场影响方面难当大任。①

其五，文化企业具有"轻资产"性。"轻资产"性体现于文化企业有形资产占总资产的比重偏小。按照中国人民银行认定的贷款要求，银行只有以企业的有形资产或金融资产为抵押，方可向企业办理贷款业务，但这些抵押资产正是大部分文化企业的软肋。缺少足够的有形资产，加上我国金融市场创新滞后，缺乏文化产业信用评估体系和第三方中介机构，金融机构出于安全性考虑，就会对文化产业"惜贷"。在融资路上，文化企业稀缺的有形资产无法撬动其发展必需的资金。

3.3.4 金融中介服务缺位

金融市场健康成长的必备要素之一，便是拥有健全的中介服务。关于文化产业，无论资产评估、担保，还是产权交易，仍是"弱不禁风"。从资产估价角度看，文化企业以无形资产为主，涵盖著作权、商标权、版权、专利权等，尽管业界在评估这些资产上取得了一定成绩，可是依然面临挑战，没有合理科学的规范标准，评估过程也欠缺客观公正性；从担保角度看，文化企业因缺乏充足的有效资产作抵押，无法符合金融部门的贷款及其他融资标准，为了寻觅抵押或质押，一些文化企业尝试凭借联保途径应对担保难困境，然而实际情况并不理想；从产权交易角度来看，文化资产的产权涉及范围广泛，包括许多具备文化特征的知识产权。但知识产权估价难，不确定性很大，加剧了转让对象的复杂程度。另外文化资产的交易经纪人与交易平台数目有限、信息不对称等现象，导致文化资产交易阻力重重。不仅如此，目前还未建立全国性的文化产业统计指标系统，金融机构无法完全把握整个文化产业的发展状况，也无法准确进行决策。

---

① 中研普华产业研究院. 2023 ~ 2028 年中国动漫影视行业发展前景及投资风险预测分析报告［R］.

3.3.5　金融法律法规及政策滞后

首先，现有法律法规触及文化产业的较少，明显不能满足文化产业日益渐增的需求，在一定程度上阻碍了金融与文化的发展融合。目前，关于文化产业的法律政策主要是部门规章和行政法规，这些政策往往因没有高等级的法律保证，其权威性不高，波动性较大。其次，有些法律和法规依然是根据计划体系制定，重视如何加强管理，涉及的约束和惩罚多，至于如何保护文化产业本身的权利、如何推动文化产业发展的法规比较稀缺，有些法律给出的定义模棱两可，针对性弱，甚至前后矛盾，严重影响了实施效果。再次，部分税收优惠规定拘泥于传统出版、广播影视、娱乐演艺等行业，对于新媒体、数字技术、会展、动漫等新业态行业的优惠政策仍是一片空白。又次，由于缺乏全国统一的企业和个人征信系统，信息不对称现象泛滥，企业的违约成本不足以覆盖违约收益，诱使企业宁可违约失信。最后，尚未建立健全的知识产权法律保障系统，对于金融资金、社会资金、外资等文化产业融资主体而言，其法律地位、权利保障、退出制度等难题悬而未决，金融部门对文化产业的支持也是杯水车薪。

分析上述 5 个方面的金融供给问题，发现金融供给不足、供给结构不合理、金融供给效率不高是导致文化产业需求与金融供给不匹配的症结，这些问题不着力研究解决，我国文化产业的发展就不可能有起色。供给侧结构性改革是经济从"三期叠加"到"新常态"的持续，也是当前我国全面深化改革的重心。文化产业供给侧结构性改革远不是一个简单的线性递进过程，而是更多地需要包括金融政策在内的政府扶持、产业政策作用模式和力度、资本供给以及制度创新等整体的突破。或者说，供给侧结构性改革不能是文化产业、金融等某一方面的参与，而应是多元化主体的合力。由此可见，需要科学地编织指导要素间的合力和对市场的牵引力；需要精细地讲究好时序维度的长期谋划与短期安排。

因此，本书在我国文化产业发展的金融供给问题困惑和问题分析基础上，构建文化产业的金融供给侧结构性改革策略。

3.4　本章小结

　　本章阐述了文化产业的定义、分类及特点，分析了文化产业的金融需求特质，从投融资渠道单一、文化与金融缺乏联动、文化企业先天弱质、金融中介服务缺位、金融法律法规及政策制度建设滞后等层面，探讨了现阶段我国文化产业的金融供给问题，发现金融供给不足、供给效率不高、供给结构失衡是导致文化产业需求与金融供给不匹配的症结，认为供给侧结构性改革依靠的不是文化产业、金融等某一方面的参与，而是多元化主体的合力，并指出我国文化产业的金融支撑体系急需供给侧结构性改革。

第4章

我国文化产业发展的金融供给现状

文化产业的特殊性决定了其发展急需金融系统的鼎力扶持。实践中，市场力量正在逐渐推进文化产业和金融机构的融合，但它们的融合仍处于摸索和试错阶段。与此同时，我国不断强化相应政策措施力度，促进金融系统对文化产业发展的支持。在现实中，国内金融体系供给文化产业发展的情况究竟如何？本章将对国内金融供给文化产业发展的状况进行考察，寻找我国文化产业金融供给不足的事实证据。

4.1 我国文化产业发展概况

4.1.1 文化产业整体规模扩大

从 2001 年伊始，文化产业被纳入我国"十五"计划战略，到 2021年已经是 20 个年头。在这 20 年间，得益于我国宏观政策与市场经济制度的积极引导，文化产业发展迅猛。如图 4.1 所示，从 2004 年至 2021

年间，我国文化产业增加值平均年增长率高达 23%，超出同期国内生产总值增长率，且占国内生产总值比例逐年变大。截至 2021 年，文化产业法人单位增加值冲破 5 万亿元，达到 52,385 亿元，相比 2004 年的 3,440 亿元多出 4.89 万亿元，占 GDP 的比重升至 4.56%，比 2003 年的 1.5% 高出 3.06 个百分点，比 2004 年高出 2.41 个百分点。

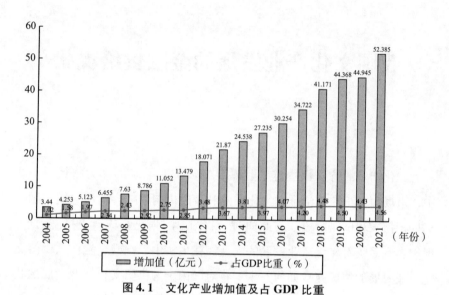

图 4.1　文化产业增加值及占 GDP 比重

资料来源：2021 年中国文化及相关产业统计年鉴。

4.1.2　文化新业态发展强劲

新常态下，文化与国民经济相关产业加速协同耦合，跨界融合成为文化产业最突出之特征。文化的产品与服务生产、扩散以及消费网络化和数字化速度变快，以互联网为载体的新兴文化业态成为文化事业迅速成长的新增长点、新引擎。2021 年，以游戏、电影、动漫、数字创意等为典型的行业成绩突出，电影业实现 470 多亿元票房收入，比上年增加 56.7%，游戏产业总收入高达 2,965.13 亿元，比上年增加 6.4%，动漫产业总产值已破 2,381 亿元大关。北京、广东、江苏、云南、湖北及湖南等地区的文化产业平均年增长率皆高于 20%。以"互联网＋"为主打模式的文化信息传输服务业，风生水起，2021 年完成增加值 7,300 亿元，比 2020 年多出 1,071 亿元，年增长率是 25.9%，所占文化及相关产业比例是 10.5%。此外，文化创意与设计服务业增长势头迅猛，2021 年的增加值是 8,978 亿元，较上年增长率达到 15.4%，占比为 18.2%。营业收入方面，2021 年，我国规模以上文化信息传输服务业的营业收入高达 12,517 亿元，同比增长 33.4%，可喜的是截至 2022 年 3 月，仍然维持在年增长率 29.4% 以上。①

4.1.3　公共文化设施逐步完善

新常态下，我国政府日益强化公共文化服务工程建设，侧重填补文化民生短板，兴建覆盖城乡区域的公共文化设施。到 2021 年底，国内群众文化单位高达 43,531 家，与 2012 年相比多出了 621 家，上升了 1.4%；博物馆数是 4,109 家，与 2012 年相比多出了 1,040 家，实现增长率为 33.9%；公共图书馆数目 3,153 家，与 2012 年相比多出了 77 家，增长率为 2.5%；文物保护管理部门为 3,318 家，与 2012 年相比多出了 613 家，其上升率为 22.7%。同时，广播电视覆盖持续扩大。截至 2016 年底，国内广播综合人口覆盖率是 98.4%，电视综合人口覆盖率挺进 98.9%，有线电视实际使用家庭高达 2.3 亿户，尤其是数字电视实际用户突破 2 亿户。此外，出版市场蓬勃发展。同年，我国实现电子出版物出版数 28,839 万张，图书总印数目 90.4 亿张，与 2012 年相比，其增长率依次为 9.5%、14%。此外，全国成年国民各媒体整体浏览率是 79.9%，成年国民人均书籍阅读数约 7.86 本。②

---

①②　资料来源：国家统计局历年文化产业统计数据。

4.1.4 文化产业"走出去"步伐加快

我国文化产业的海外拓展也获得较大进步，对外文化产品和服务出口增长迅速。2013～2021 年，国内文化产品贸易持续出现顺差，文化产品进出口额都超过 1,000 亿美元，在 2021 年，国内文化产品进出口额是 1,558.1 亿美元，占全国货物进出口总额比重是 10.3%，文化产品贸易顺差实现 2,000 亿美元。当前欧洲和美国是我国文化产品出口的两大贸易体，约占整个中国海外文化产品市场 60.8% 份额。不仅如此，文化产业同"一带一路"建设合作成效显著，截至 2021 年，对"一带一路"共建地区的文化产品进出口额共 313.28 亿美元，与 2012 年比较增加了 15.4%，约占文化产品进出口总数比重 16.8%，出口额是 126 亿美元，与 2012 年相比上升了 21.6%。不仅如此，国内文化企业的海外收购开展得如火如荼，比如天创国际演艺制作交流有限公司在 2009 年收购位于美国密苏里州布兰森市的白宫剧院，不到一年时间又同 2 家奥地利公司合资经营欧洲业务，此举突破了阻碍我国文艺产品面向国际发展的壁垒，不仅为我国文化产品"走出去"开启了踏入欧洲、美国之门，也为我国文化产业"走出去"开创了一套崭新的贸易模式。继收购澳大利亚第二大院线 Hoyts 和美国 AMC 电影院线以后，万达于 2016 年又以 230 亿元高价购买美国传奇影业公司。2013 年安徽出版集团与波兰马尔沙维克出版社合作设立时代·马尔沙维克出版公司。2014 年 5 月江苏凤凰出版传媒集团下属子公司江苏凤凰教育出版有限公司以 8,500 万美元收购美国出版国际有限公司的童书部门等。①

---

① 魏芳."十二五"新闻出版走出去：国际舞台讲好中国故事［N/OL］.人民网，2015 - 12 - 29. http：//media. people. com. cn/n1/2015/1229/c4606 - 27989879. html.

4.2　金融支持政策现状

"十三五"规划指出"文化产业成为国民经济支柱性产业",是"十三五"经济发展新的增长点,并提出加强政策扶持和引导,落实产业创新和发展项目,促进重点领域跨越 3 个方面的培育,使之成为支柱产业。为了鼓励文化产业、振兴国家文化事业,我国政府采取了一系列金融支持政策,旨在推动和引导金融业和文化产业的融合。国务院和各部委多次出台了扶持文化产业发展的政策,从金融服务支持、上市融资、信贷支持、资本市场、担保机构、文化进出口等角度支持文化产业发展(见表 4.1)。

表 4.1　　　　　金融支持文化产业的部分政策文件

发布时间	文件名称	相关内容
2009 年	《关于金融支持文化出口的指导意见》	明确金融扶持文化进出口的指导原则、划定金融扶持的领域,制定政府与进出口银行之间的合作协调机制
2010 年	《关于金融支持文化产业振兴和发展繁荣的指导意见》	对银行、证券、担保机构、保险公司、文化产权交易所等金融部门在扶持文化产业发展方面负责的任务、应提供的服务作出要求
2011 年	《文化部关于推进文化企业境内上市有关工作的通知》	增强对文化企业上市融资重要意义的认识;主动开展工作,储备企业资源,强化扶持引导,实施追踪服务,构建推荐机制,助推企业上市
2012 年	《文化部"十二五"时期文化改革发展规划》	拓展投融资体系的广度和深度,推进银行业、保险业、证券业全面支持文化产业
2014 年	《国务院办公厅关于印发文化体制改革中经营性文化事业单位转制为企业和进一步支持文化企业发展两个规定的通知》	提高行政效率、建设文化产业投资基金、对文化产品出口贴息、完善担保体系、鼓励上市融资

续表

发布时间	文件名称	相关内容
2014 年	《关于深入推进文化金融合作的意见》	认识促进金融与文化融合的重要性，创新文化金融体制制度，完善文化金融产品与服务，增强组织施行和配套保证
2015 年	《关于促进互联网金融健康发展的指导意见》	互联网和金融深度交融是大势所趋，会给金融组织、业务、服务及产品等层面带来深刻变化
2017 年	《文化部"十三五"时期文化产业发展规划》	拓宽社会资本进入领域，创新融资方式，优化融资服务。文化金融创新工程，文化领域政府和社会资本合作（PPP）示范，文化与金融合作示范区创建
2021 年	《文化和旅游部 国家开发银行关于进一步加大开发性金融支持文化产业和旅游产业高质量发展的意见》	发挥政府部门的组织协调优势和开发性金融"融资融智"服务优势，给文化和旅游项目提供长周期、低成本的资金支持。积极发挥开发性金融中长期融资优势和"投资、贷款、债券、租赁、证券"协同支持作用，为文化和旅游项目提供直接投资、证券发行承销、融资租赁等多元化金融服务
2021 年	《"十四五"文化产业发展规划》	制定完善深化文化与金融合作的政策举措。推动政银合作不断深化，进一步拓展合作网络、健全合作机制、创新合作模式，建立完善政企银沟通对接机制。发挥投资对优化供给结构的关键性作用，提高投资效率，保持投资合理增长

注：根据相关网站公开资料整理，选择了其中比较有代表性的政策文件。

由表 4.1 可以看出，"十一五"期间出台的有关文化产业方面的金融政策具有全面性和重改革的特征。这些文件不仅强调要改革文化产业有关的投融资制度，还给出了实施方案，并规范了改革中可能存在的问题。如 2008 年国务院颁发的文件，指出要正确规范国有文化事业单位的转制，改革文化企事业单位，以及如何处理改革中可能产生的问题。此外，中央和地方政府还研究了适用于文化产业发展的金融政策，不断扩大政策覆盖范围和加大政策支持力度，比如完善文化企业信用担保体系、开设文化产业投资基金、支持文化"走出去"、发展文化产业保险市场、加强文化企业与银行的合作等政策。在"十二五"规划期间，有关文化产业的规划中都提出要进一步健全文化产业投融资体系，推动金融与文化的无缝链接，并对文化产业投资、资本市场的功效、文化产业与银行及保险对接问题给予指引和建议。与"十一五"规划期间政策相比，这些政策又向前跨了一大步，不仅有总体指导，还有详细方案，政策的可操作性亦更强。比如关于促进文化企业境内上市，是对某项重点金融支持政策的推进，既指明了此项政策的重要性，明确了推进方向，又从政策上具体指导了重点问题。总之，国家扶持文化产业的金融政策正由全面发展转变为重点推进，由偏向总体指导转为统筹兼顾。

4.3　财政投入供给文化产业情况

4.3.1　财政扶持文化产业的重要性

不管是发达国家还是发展中国家，亦不论该国的文化产业处于萌芽期、上升期或是成熟期，国家都应通过财政拨款等公共支付方式为文化管理体制创新及文化事业发展提供一定的经费支持。这是由文化产业的重要性决定的。

其一，文化体制改革创新与文化事业的发展是文化产业发展的基础，政府在经费上应首先保证文化体制创新的顺利进行与文化事业的健康发展。其中，进行文化体制改革是释放文化产业生产力的首要条件，并为文化事业发展提供制度保障；而文化产业同文化事业由于目的一致，二者在文化建设进程中会表现出相辅相成、彼此依赖的运行形态，从二者的整体发展来看，文化事业是文化产业茁壮成长的基石。因此，只有进行文化体制创新、释放文化产业的生产力，并推进文化事业的蓬勃发展，才能保证文化产业的正确发展方向并促使其实现迅猛成长，因而，财政应当为文化体制改革和文化事业培育提供全面扶持。

其二，文化体制与文化事业作为造成"市场失灵"的纯公共产品，其本身即为公共财政支出的重要领域。文化体制改革作为强制性制度变迁，其发起人是国家，制度本身又是外部效应趋于无限的纯公共产品，属于公共财政支出的重要方面，因此应由政府提供完全的财政支持。而文化事业最本质的特征在于其公益性，公益性文化产品就是面向全社会，社会中每一成员皆能免费获得用以满足自身精神需求的文化产品，这就决定了公益性文化属于纯公共产品，应是公共支出的重要方面。

4.3.2 财政扶持文化产业的力度与方式

对于文化产业发展比较成熟，产业化程度较高且管理制度比较完善的国家，如美国等一些西方发达国家，文化产业经营的多元化格局形成较早，企业经营机制也相对完善，有较好的市场活力，因此，政府对文化产业经营主体一般不宜进行过多的财政干预，可以结合本国产业发展特点适度采用减免税收、设立奖励基金等方式，吸引私人进行长期投资，让文化产业经营主体呈现多样化趋势。

对于文化产业尚处于幼稚期或过渡期，文化产业基础薄弱，市场失灵的程度较严重的国家，尤其是一些文化产业起步较晚的发展中国家，重要文化行业如新闻传播、出版等的经营主体多由政府投资设立，经营模式僵化单一，此时政府应当积极运用财政优惠政策吸引民间资本和外国资本的进入，同时加大对已有私营主体的财政扶持力度，诱导多元化投资格局的产生。除去减免税收、设立奖励基金等方式，政府还可以运用投资搭建文化产业投融资平台，设置企业专项扶持基金、采购私营企业文化产品等多种公共支出手段。

除去产业发展水平，国家还要应对本国的资源状况、产业结构、战略性产业政策等因素进行反复考虑，为文化主体创新的财政配套政策制定寻求更为全面、科学的根据。例如韩国将文化产业置于国民经济支柱产业的地位,其对文化产业经营主体的财政扶持力度、配套手段与一般发达国家就很不相同。韩国为了鼓励文化经营企业的发展,在文化产业的总体战略上明确规划,从 2001~2010 年,由财政投资,兴建十大传统文化产业园,两大综合文化产业园区,构成了一条完整的全国文化产业链,2002 年政府又为扶持文化企业发展,专门拨出 17.1 亿韩元支持国内企业参加在中、日、美、法、德、芬兰等国举办有关音乐、动画、漫画、游戏等文化产品的展销活动。

4.3.3　文化产业的财政投入现状

我国文化产业资金仍以财政投入为主体,与发达国家相比,投入的绝对量和人均数量均相差悬殊。在投入上,2007 年,美国向文化产业财政注资 451.9 亿美元、人均是 149.98 美元,澳大利亚的财政投入为 40.67 亿澳元、人均是 137.6 澳元,加拿大的财政投入为 42.17 亿加元、人均是 131.78 加元,而中国财政投入只有 136.17 亿元,人均才 10.32 元,仅为美国的 1/109,澳大利亚的 1/80,加拿大的 1/83;[①] 在投入形式上,如今部分地方政府依然采用计划经济下的拨款形式,忽视使用税收优惠措施,不善于将财政扶持与各种金融产品灵活搭配,不利于财政资金杠杆效应的实现。

首先,在 2001 年以前,我国没有区分文化事业和文化产业,当时国家财政拨出一定比例资金用于发展文化事业,称为"文化事业费",财政扶持并未涉及文化产业,不过文化事业费所占财政资金比例明显偏低。由图 4.2 所示,文化事业费从 2001 年的 70.99 亿元增长到 2015 年的 682.91 亿元,年均增长率为 18.9%。关于财政专项拨款,中央财政

① 徐鹏程. 金融资本与文化产业融合障碍何在 [N]. 光明网,http://theory.gmw.cn/2016-06/29/content_20751293_3.htm.

于 2008 年开设了"文化产业发展专项资金",专门针对文化产业类企业法人,通过贷款贴息、补充国家资本金、项目资助、保费补贴、绩效奖励等措施来扶持和栽培文化产业发展。2010～2013 年 3 年间,文化产业发展专项资金总计达到 142 亿元,借助项目补贴、贷款贴息、绩效奖励等多种手段,实现文化产业项目 2,500 多个,接近 800 个新闻出版产业项目。然而,文化产业投入与文化整体支出基本同步,呈现权重低、规模小的特点。从"十五"计划到"十二五"规划期间,国内文化支出所占财政支出的比重始终停留在 1.8% 附近,和科学占比 3% 及教育占比 15% 存在很大差距,[①] 文化产业投入作为文化整体支出的一大分支,它的占比更低。在文化企业缺少多元化的融资渠道的前提下,中央公共财政资助文化产业的比重一直很低,这严重阻碍了中国文化产业发展的速度,不利于国家文化发展目标的实现。

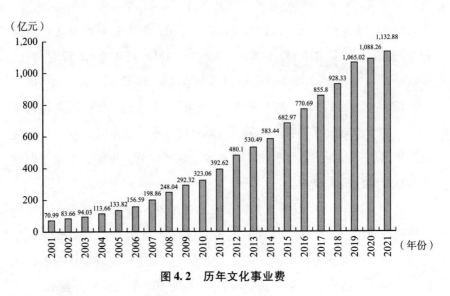

图 4.2 历年文化事业费

资料来源:《中国文化文物统计年鉴》。

---

① 资料来自国家统计局网站的统计数据。

其次，财政政策尚未充分发挥出指导、督促社会资金的作用，制度束缚依旧存在。近年来，扶持文化产业的财政政策陆续出台，为实行文化产业投融资制度提供了政策保障与践行余地，然而，现阶段涉及文化产业方面的财政政策依然面临制度不完善、扶持力度不足的问题，诸如民间投资、资本市场，以及外资等非政府途径的投融资占比较低，体制内外的资本融合度差，文化领域进入壁垒高。经济实力雄厚的国有文化企业更容易受到政府财政的青睐，它们借助政府信用担保来获得金融要素。相反，中小微文化企业由于综合能力较差、政治资源匮乏，无法精确、权威地评估文化创意及产权价值，加上稀缺的财政资助与金融要素肯定倾向于安全性高的投资对象，导致中小微文化企业融资饥渴。

　　再次，制度束缚造成专项资金整体效率低下，后期管理不足。虽然国内已经拥有多个文化产业专项资金，可是整体规模不大，只有几十亿元的总额，财政支持程度低，行政化、地方化、部门化等顽疾长期寄生在文化事业管理制度中，使得财政资本无法统一调配，挫伤了文化企业申请的热情，无法有效整合资本，不能充分发挥整体作用。同时，在财政资源的利用方向和利用效率上还急需改良。当前，各省市文化产业财政投入资金的设立形式五花八门，大部分是每年按一定比例纳入政府预算中，有些是按某种增长模式计提，也有少数是省级、市级与县级各自预算却无对接，这无疑反映出地方政府对文化产业的重视度与当地财政实力决定了财政扶持的力度，而没有考虑产业发展的实际需要。不仅如此，大部分财政扶持政策施行以后，往往注重投入总量，忽略政策执行效率，政策后期管理也严重不足，一些财政资金注入企业后，不仅无人监督这笔资金的运用规范与否，也不会评价它是否实现预期目标，产生了后续管理的"真空地带"。当前中央和地方政府均陆续成立了大量文化产业投资基金，可是这些基金源头单一，并未充分利用民间资本和其他资本，从而掣肘了基金的发展；此外，关于基金管理，政府过度干预基金的经营和管理，甚至资金应用，导致基金脱离了市场化环境。对于后续管理，无法准确评估文化产业的资金投入效果，致使出现"重投入、轻管理"怪象,难免带来财政资金的严重浪费,又容易导致国有文化资产的大量流失。

最后,财税支持力度不足,其优惠政策具有时限性特征。一方面,国内文化企业广泛面临着赋税重的难题。当前文化产业税收包括六大种类,尤其是企业所得税与增值税属于赋税最重的。以音像行业为例,其销售商缴纳的税收涉及了企业所得税(25%)、增值税(17%)、进口税(10%)、城市维护建设税(7%)、文化体育业营业税(5%)和教育费附加(3%)。另一方面,财税优惠政策效应的连贯性和长效性受限。目前,针对文化产业税收支持政策超过了 30 个,大部分局限于"转企改制"、扶持文化"走出去"和孵化重点行业等层面。[①] 然而,关于文化产业的税收政策整体上具有非永久性、过渡性特点,又因立法等级低,尚未表现出较强的公平性、平稳性及专属性。比如《财政部国家税务总局关于继续执行宣传文化增值税和营业税优惠政策的通知》可以视为《财政部国家税务总局关于继续实行宣传文化增值税和营业税优惠政策的通知》的"扩展版本",实质上只是延长了税收优惠期。这种非永久性特点不利于建立长期激励机制,亦将税收优惠政策限于文化企业的初创阶段,针对那些回报周期长和投入成本大的文化企业,反而无法保持永久驱动力。

4.4 金融机构供给文化产业情况

4.4.1 银行供给文化产业情况

银行业作为国内文化产业融资渠道的主体,其对文化产业发展的供

---

① 资料来自国家税务总局网站税收统计数据。

给集中于提高信贷投入规模、改善服务方式及创新信贷产品三大层面。

其一，银行业注入文化产业的信贷规模不断扩大。到 2018 年底，国内主要银行供应的文化产业贷款余额为 7,260.12 亿元，比上年增长了 16.67%。以工商银行为例，2016 年，它对文化产业的融资余额高达 2,400 亿元，特别是 2016～2018 这 3 年文化旅游行业贷款的年平均增速大于 30%，贷款余额完成"五年翻两番"，成为工行贷款发展速度最迅速的行业之一。现阶段，工商银行是我国供给文化产业融资余额最多的商业银行。同时，银行文化类不良贷款率也在下降。如中国银行的文化类贷款不良率从 2008 年的 5.3% 下降为 2018 年的 1.8%，贷款余额增加而不良贷款率减少，折射出银行业对文化产业逐渐熟悉，在文化类贷款的信贷审批、风险防控等方面也积累了一些经验。尽管信贷投入规模在增加，不良贷款率也在减少，不过文化类贷款总体规模依然较小，还有很大的增长余地。最后，银行业信贷投放主要发生在大城市，据统计，2018 年上海文化类贷款余额超过 800 亿元，同年北京市文化创意产业贷款余额为 1,643.1 亿元，比上年增加了 65.8%。"十三五"时期，浦发银行对广东省文化产业集团进行至少 500 亿元的投融资。① 相比之下，银行业对中小城市的文化产业信贷供给就显得吝啬。此外，银行信贷乐于为大企业和大项目"锦上添花"，不愿为中小文化企业"雪中送炭"，导致中小文化企业"信贷难"。

其二，改善了银行对文化产业的服务方式。自 2014 年文化部、中国人民银行、财政部《关于深入推进文化金融合作的意见》发布以来，银行业服务文化企业的方式主要是"银政"合作和"银企"战略合作。所谓"银政"合作说的是银行总部或分行和各级文化主管部门签订合同，如农业银行的北京分行和北京文化创意产业促进中心签订合作备忘录，商定每年向北京文化创意产业注入 200 亿元。在这种方式下，文化主管部门向银行推荐文化企业，银行对其进行筛选，并将入选的企业作

---

① 资料来自中国银行业协会《银行业支持文化产业发展报告 2018》。

为授信发展对象，就融资问题采取一对一式服务，大大抑制了道德风险，从而降低了银行不良贷款的概率，还打破了以往企业主动上门找银行的传统套路。总行层面，早在2011年，新闻出版总署、国家广电总局及文化部等文化主管机构已经跟国家开发银行、中国银行、工商银行及农业银行订立了战略合作协议。分行层面，2017年，湖南省国有文化资产监督管理委员会同交通银行湖南省分行签署800亿元的战略协作合同，海南省属经营性国有文化资产监督管理办公室和上海浦东发展银行海口分行订立《"文化＋金融"战略合作框架协议》，约定供应至少100亿元的授信额度。① 此外，农业银行旗下37家分行和各地文化主管部门机构、新闻出版单位搭建了合作关系，确定意向性授信额度，有效促进文化和银行的对接。所谓"银企"合作是指银行与大型文化机构建立合作关系。2010年，中国银行浙江省分行推出了"电影通宝"以支持横店影视基地建设，开创了商业银行和文化产业合作的道路。现阶段，大部分银行倾向于和大型文化企业建立合作关系，信贷投入亦集中于大型文化项目，中小企业和中小文化项目难以得到银行援手，国内银行中重点支持中小文化企业的只有工商银行和北京银行。

其三，银行业对文化产业的信贷产品设计有所创新。首先，把传统信贷产品应用于文化产业，适度调低信贷标准，达成了文化产业和传统信贷工具的有效对接；其次，摆脱了以往担保抵押贷款重视盈利能力和固定资产的束缚，充分考虑文化产业回报周期长和"轻资产"等行业特点，在无形资产质押上进行了大胆尝试，陆续推出了应收账款质押、著作权质押、分级收费、股权支持等质押贷款。比如北京银行发行的"创意贷"、国开行的知识产权抵押以及华夏银行的将软件著作权作为质押担保的创新融资模式贷款等。风险管理上，为加强对文化企业的熟悉程度，银行建立专营机构，和信贷担保以及文化产品交易部门积极开

---

① 文化＋金融引领文化产业转型升级［N/OL］. 海南省人民政府，2017 - 01 - 20. https：//www. hainan. gov. cn/hainan/ldhd/201701/e8364b35e26e4c6b9c3ee/056868e895. shtml.

展合作，并实时聚焦文化产业发展动态。此外，银行同业间也强强联手，共同推出项目、银团贷款，如以工商银行为首组建银团贷款为《战长沙》《铁血红安》《琅琊榜》《东方战场》等优秀影视产品供应大量资金，为广东长隆集团发行第一个文化旅游资产证券化项目，为华侨城集团推出全国第一批文化旅游永续债券及私募债券[①]。可见，银行业在文化产业的信贷产品上下了功夫，但是，由于缺乏文化企业的信用评价体系，也没有对应的信贷投放权威参考标准，因而不利于满足中小文化企业的信贷需求。

总之，银行业在踊跃参与文化产业领域经营活动的同时，还存在不足，比如银行倾向于大型文化企业和品牌优势较强的文化项目，忽视了大量中小文化企业的信贷需求。日后，银行业应重视中小文化企业的信贷供给，在信贷产品、产品结构、业务程序及风险控制方面进一步积极探索。

4.4.2　股市供给文化产业情况

2009 年，文化部出台的《文化产业振兴规划》提出支持满足上市标准的文化企业在主板及创业板进行融资。2011 年文化部发布的《关于推进文化企业境内上市有关工作的通知》，指出有序搭建文化企业资本市场融资平台。2018 年国务院办公厅印发《进一步支持文化企业发展的规定》，明确提出，通过公司制改造实现投资主体多元化的文化企业，符合条件的可申请上市。鼓励符合条件的已上市文化企业通过公开增发、定向增发等再融资方式进行并购和重组。鼓励符合条件的文化企业进入中小企业板、创业板、新三板、科创板等融资。

民营文化企业资产规模小、竞争力弱，决定了它的直接融资需求更

---

① 工行全方位支持文化产业发展 [N/OL]. 中国工商银行，2017 – 01 – 19. https：//www. icbc. com. cn/icbc/工行风貌/工行快讯/工行全方位支持文化产业发展 . htm.

加旺盛，国内多家文化企业积极申报首次公开募股，欲借力资本市场将企业规模做大做强。21世纪以来，大量民营企业凭借资本运营已经在国内外资本市场纷纷上市。如2009年奥飞动漫与华谊兄弟相继在深市中小板、创业板上市，成为文化产业投融资领域的楷模，开启了文化领域直接上市的融资之旅。资本市场同文化产业的链接可谓风生水起，据统计，2015年总计11家文化企业在国内上市，总融资额超过13.69亿美元，到2016年初，国内A股合计有139家文化传媒上市公司，总市值高达1.12亿美元。① 随着上市变得"炙手可热"，一些文化企业为了迅速扩大融资规模，但又迫于上市审核的严苛条件，便纷纷把目光投向了借壳上市。2013年IPO停板后，借壳上市能够快速通过审核。长城影视就是借"江苏宏宝"之壳置换股份，从而完成上市融资。随着借壳上市门槛的不断提高、上市审核监管力度的不断加大和注册制的落地，科创板融资厚积薄发，注定是今后中小公司上市的"宠儿"。往后企业IPO审核日趋严格，知名企业、中小企业都要提高信心和动力，尤其是国有文化企业资产属性较为复杂。

自2016年下半年以来，证监会对影视、娱乐类企业的上市考核变得更加苛刻，虽然国内主板上市文化企业数目逐渐增加，不过大部分属于工艺美术品生产和文化创意及设计服务等行业，尚未出现以影视为典型的IP泛文娱类企业。按照国家统计局的文化及相关产业分类标准对上市文化企业进行梳理，2021年以来我国境内外上市的文化企业有400多家。按这个口径文化类上市公司的数量可以占到总数的8%，但其中核心文化企业也就是与内容生产关系较大的企业比例并不高。同时文化企业规模都比较小，市值为千亿规模的企业很少，总体上市值占比比较低。自2016年以来，由于受各种因素影响，文化企业上市形势并不乐观。最近典型的文化企业上市事件是博纳影业在深圳证券交易所主板上

---

① 资料来源于万得数据库网址：https://www.wind.com.cn/portal/zh/WDS/database.html.

市，首发募资总额为 13.83 亿元。目前我国文化企业上市公司的地域分布与经济发达程度有密切关系，主要在广东、北京、浙江、上海、江苏 5 个地区，占到了 80%。[①]

4.4.3 基金供给文化产业情况

文化产业投资基金有广义和狭义之分。广义上，它指全部参与文化产业的投资基金，比如影视基金、综合股权投资基金、动漫投资基金及艺术品投资基金等多种专项投资基金，其投资模式主要是项目投资与股权投资。狭义上，文化产业投资基金专指政府直接或间接介入文化产业，大力扶持文化产业及其区域发展的私募股权投资基金。

湘财贯通投资管理公司和中国卡通委员会早在 2002 年共同创办了我国文化产业第一只基金——中国文化产业基金，但遗憾的是最终并没有成功运作下去。2008 年全球金融危机爆发后，由于文化产业战略地位的上升和国内文化企业"走出去"紧锣密鼓地开展，文化产业投资基金也开始提速发展，不仅成为文化产业与投资界的"一枝独秀"，也成为文化产业股权投资的中流砥柱。2011 年 7 月 6 日，我国第一只国家级文化产业投资基金——中国文化产业投资基金在北京设立，它的基金规模达到 200 亿元。截至 2013 年末，我国总共设立了 100 多家文化产业基金，其总额超过 1,400 亿元。2014 年全年，市场新成立了 51 家文化产业投资基金，[②] 据 40 家基金公布的募资数据统计，总募资额为 1,196.85 亿元，平均每家基金的募集额为 29.92 亿元。到 2022 年，全国共有各类文化产业投资基金 116 只，总募资额达到 1,330 亿元。从文化产业基金投资领域来看（见图 4.3），游戏和移动互联网是文化产业基金投资的"香饽饽"，占比分别为 20% 和 19%，旅游行业次之，占比 12% 左右，传统文化产业占比 11%，影视与新媒体、艺术

---

①② 资料来源：中国文化金融数据库（CCFD）。

品合计占比 24%，娱乐占比 7%。① 由此说明以互联网、新媒体为代表的新兴文化产业正在迅速崛起，深受投资界追捧。

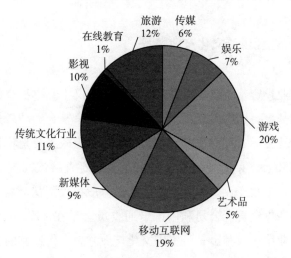

图 4.3　文化产业投资基金行业分布情况

资料来源：中国文化产业投融资数据平台。

　　此外，部分省份也成立了文化产业投资基金，以缓解中小文化企业的融资饥渴问题。河南中原文化股权投资基金于 2015 年 9 月设立，成为该省第一只省级文化产业投资基金。同年 12 月，四川省建立了第一只文化产业基金。值得一提的是，陕西省第一家文化产业的风险投资公司——西安曲江，创新性地打造了"股权 + 项目"的投资模式，为中小文化企业提供充沛的资金支持树立了标杆。

4.4.4　保险业供给文化产业情况

　　改革开放以来，中国保险业飞速发展，到 2022 年底，我国保费收

---

① 资料来源：中国文化金融数据库（CCFD）。

入 4.70 万亿元，保险深度为 3.88%，保险密度是 454 美元/人，均低于世界平均水平（7% 和 595.1 美元/人），说明尽管当前国内保险市场整体规模变大，可是存在结构失衡，为了推动国内保险市场的长期健康发展，增加保险市场的渗透度，同时寻觅投资出口成为两大关键，而文化产业刚好吻合这两点。以国内艺术品市场为例，到 2021 年，它的总市值接近 5,119 亿元，如果根据艺术品价值的 50% 参保计算，光其保费收入就相当可观。实际上，国内艺术品在 2021 年的交易总额高达 482.4 亿元人民币，90% 没有购买保险，艺术品投保程度极低。① 可以说，文化产业虽然是目前保险市场的薄弱环节，但也是日后发展的中心地带。

2011 年 4 月，保监会联合文化部提出《关于保险业支持文化产业发展有关工作的通知》，是中央宣传部、中国人民银行、财政部、文化部等九部委发出的《关于金融支持文化产业振兴和发展繁荣的指导意见》的进一步补充，考虑保险发展状况和自身特征从产业融资和风险管理等层面就扶持文化产业进行详细的规划。在风险管理上，《关于保险业支持文化产业发展有关工作的通知》指出建立 11 个文化产业类新险种和 3 家试点公司，要求文化企业与保险公司携手搭建文化产业风险数据库。3 家试点公司在文化领域都进行了有益探索，比如中国人民保险公司对全球三大男高音的紫禁城演唱会承保 1.1 亿元的责任保险，成为中国保险业承保大型演艺活动的第一例；② 太平洋保险在 2010 年为陈逸飞画展作品承保了高达 6 亿元的保险，拉开了国内艺术品保险市场的序幕③。2010 年，北京东方雍和国际版权交易中心与信达财险共同推出了中国第一个著作权交易保证保险险种。④ 电影《1942》《十二生肖》等

---

① 资料来自中国保险业协会《2022 中国保险业社会责任报告》。

② 王以超. 世界三大男高音北京音乐会保险金额超亿元 [N/OL]. 中国新闻网，2001 - 05 - 18. https：//www. chinanews. com. cn/2001 - 05 - 18/26/92033. html.

③ 探索艺术品保险新形式 [N/OL]. 太平洋保险网站，2016 - 01 - 22. https：//www. cpic. com. cn/c/2016 - 01 - 22/497481. shtml.

④ 张忱. 著作权交易保证保险产品推出 [N/OL]. 经济日报，2010 - 07 - 18. https：//paper. ce. cn/jjrb/html/2010 - 07/18/content_1121B. html.

都出现了保险的身影。

尽管保险支持文化产业发展有所进步，但整体上保险参与文化领域程度不高，对文化产业的支持远远不够，原因有三点：一是由于文化产业的保险意识薄弱，比如故宫博物院在 2011 年 5 月失窃的 7 件展品，总投保额只有 31 万元；① 二是相应配套服务不健全，在国外，文化产品的风险系数和商业价值主要由权威性高的估值机构和行业专家进行评定，国内急缺此类专业机构和专家，一般只对文化产品的历史与艺术价值进程评估。三是国内财产保险公司依旧是粗放型发展模式，已有的险种只适用于传统产品，也缺乏充分的经验数据来设计针对文化业的保险产品。因此，保险业应从深化保险意识、健全配套服务以及开发文化类专属产品等方面着手，为文化产业发展保驾护航。

4.4.5 债市供给文化产业情况

债券融资是直接融资的另一种方式，依据发行主体划分标准可分为政府债、企业债及金融债，而文化企业发行的是企业债，进一步细分成短期融资券、超短期融资券、中小企业集合票据及中期票据。债券融资不但能增加公司信誉，协助企业夯实组织体系，扩大公司治理的透明度，还有益于减轻企业包袱，同时保证不会稀释股权，并拓展企业的资金渠道。部分企业上市之前都通过发行债券来提高企业信用。根据文化部文化产业司副巡视员施俊玲在"第六届中国文化产业前沿论坛"演讲，到 2015 年初，国内 A 股市场已有 128 家文化企业借助银行间债券市场发行债券 524 只，融资规模为 4,700 余亿元。② 依据新元文智——中国文化产业投融资数据平台统计，中国文化企业在 2019 年债券融资

---

① 姚冬琴. 故宫 7 件失窃展品保额仅 31 万元 香港馆方称后悔 [N]. 中国经济周刊, 2011（20）.

② 文化部文化产业司副巡视员施俊玲在"第六届中国文化产业前沿论坛"演讲 [R]. 文旅部改革发展动态, 2015（382）.

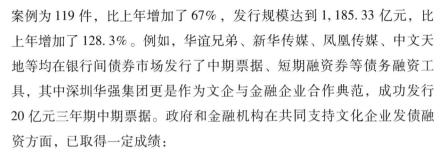

案例为 119 件，比上年增加了 67%，发行规模达到 1,185.33 亿元，比上年增加了 128.3%。例如，华谊兄弟、新华传媒、凤凰传媒、中文天地等均在银行间债券市场发行了中期票据、短期融资券等债务融资工具，其中深圳华强集团更是作为文企与金融企业合作典范，成功发行 20 亿元三年期中期票据。政府和金融机构在共同支持文化企业发债融资方面，已取得一定成绩：

首先，根据"创新中小企业发债方式"原理，交易商协会提出了区域集优方式。该方式分为三期：第一期，地方政府和金融办共同推荐发债企业备选名单；第二期，担保机构从名单中筛选出不超过 10 家的中小企业组成一个整体，并担保整体中的所有企业；第三期，地方担保公司或地方政府通过扶持基金反担保第二期的担保公司，反担保公司拥有发债企业资产的抵质押权，帮助企业成功发行债券。

其次，政府借助专项基金参与其中。中小文化企业可借助发行中小企业集合票据进行融资。当中小文化企业发行集合票据时，政府部门通过专项基金向它们给予贴息补贴，银行负责承销，担保公司也会提供信用增级，多方携手支持文企发债融资。比如北京石景山区文化创意中小型企业 2010 年第一批集合票据的发行，就是政府、北京银行联合支持的。

最后，银行机构大胆尝试文化企业发债新方式。以国开行为例，根据文化企业的信用级别、总资产、负债率、财务状况等内容进行分类，针对不同等级的文化企业采取不同的融资策略，从而为文化企业发债给予决策意见。

4.4.6　信托供给文化产业情况

信托是一种受法律保护的财产管理制度，涉及委托人、受托人及受益人，能够安全、有效地管理与转移财产。我国早在 2001 年就出台了《中华人民共和国信托法》，给出了信托的定义。作为金融业的一个重要组成部分,信托建立在市场经济信用制度的基础上,能够跨越货币市场、资本市场、实业投资对资产进行管理,市场化程度高,运作机制灵活。截至 2021 年 11 月,国内有 68 家信托公司,其中有 38 家信托公司推出了文化产业信托产品,产品品种有 65 种,比 2020 年增加 35 种,增长幅度达到 350%,融资额为 95.54 亿元。涉及的信托公司有中融信托、北京信托、华澳信托、国投信托、中信信托、中诚信托、中航信托和长安信托等。尤其是中融信托推出了 11 种产品,成为当年发行数最大的信托公司。北方信托发行了 4 期的集合信托资金,以购置滨海新区创意产业园区的将来收入,融资额达 2.4 亿元。① 不仅如此,北京国际信托和中铁信托皆推出了艺术品信托产品,对缺乏艺术品投资经验的投资者而言,借道艺术品信托成为增值收益的便捷途径。艺术品信托产品的平均收益率高达 7.86%,平均年限是 2.81 年②,一是因为央行多次加息迫使信托产品收益率不得不上升,二是负利率下投资者更宠爱短期产品,信托产品有效期随之变短。现阶段,银监会对信托扶持文化产业遵循无限制性原则,但前提是要坚持两条原则,一是投资人利益最大化,二是保证信托财产的安全。

4.4.7 产权交易供给文化产业情况

所谓文化产权是指文化产品、文化资源和相关领域的产权,它的所有者享有处置保护及交易产权的权利,并获得相应收入。文化产权交易平台既有助于实现文化产业与资本的无缝连接,又为文化企业提供了价格发现平台。目前,北京、上海、深圳、成都、沈阳、合肥、南京等已陆续开设了文化产权交易所。文化产权交易所主要从三大层面进行了创新:

第一,产品创新。文化产权交易所充分利用文化产业、金融业的丰

---

① ② 资料来自《中国信托业发展报告 2020～2021》。

富资源，改进文化金融产品，以契合投资者需求。例如，2011 年深圳文化产权交易所发行的齐白石作品的权益类理财产品是首批文化企业产权融资项目。2010 年，该交易所重磅发行三大创意交易品种，即艺术品金融理财计划、文化产业投资基金和艺术品权益流通产品。

第二，平台的创新。文化产权交易所是国内为激励文化创意产业迅速成长而搭建的一个全新交易平台。文化产权交易所一端联系着影视公司、画廊、传媒企业、出版社等艺术部门，聚集了众多优秀的文化和艺术作品；一端又连着银行、投行、保险、担保、风投等金融单位，拥有充沛的金融资本。可以说，文化产权交易所为金融业和文化产业提供了一个互动与交流的平台。

第三，市场创新。交易所和交易商联合搭建了一个标准的艺术品二级市场。交易所、交易商和画廊、拍卖公司等艺术中介部门组成一个长期稳定的命运共同体，将彻底改变之前杂乱无章的局面。这在中国艺术史上是独一无二的。

4.5　本章小结

本章从文化产业整体规模、文化新业态、公共文化设施及文化"走出去"等方面考察了我国文化产业的发展现状；从金融政策、财政资金、银行、股市、债市、基金、保险、信托、产权交易等角度，探究了国内文化产业的金融供给的客观性事实表现。通过剖析我国文化产业发展的金融供给现状，论证了我国金融供给已不能有效契合文化产业的需要，金融供给效率不高，供给结构不合理，从而掣肘了文化产业的健康快速发展。

第5章

文化产业发展的金融
供给效率动态评价

事实上,在金融资源有限的情况下,文化产业的发展不仅在于拥有一个成熟完备的金融支撑系统,更要侧重金融系统供给文化产业的效率,从而实现双方的高频互动、紧密融合直至协同成长。那么,我国金融体系对文化产业的供给效率如何?金融资源配置是否有效?下文将围绕这些问题,以文化产业上市公司为例,因2018年文旅部组建文旅数据整合,加上2019年疫情暴发重创文化产业以致无法准确评估,故采用2010~2016年的面板数据,运用DEA中的Malmquist方法动态评价我国文化产业的金融供给效率,衡量金融支持文化产业的作用程度,以期探究金融与文化融合的真实情况,为文化产业发展的金融供给侧结构性改革提供政策参考。

5.1 研究设计

关于文化产业金融供给效率的研究不多,曾诗鸿(Shihong Zeng,

2013）基于 Logit 模型分析了影响我国文化产业金融扶持效率的因素，结果表明金融扶持效率呈上升态势，不过总体效率水平较低，融资规模是影响文化产业金融供给效率的最重要原因。熊正德等（2014）基于省际面板数据，构建计量模型，从金融支持效率、股票融资、银行信贷等角度实证检验了金融对文化产业的支撑作用，研究表明银行信贷对文化产业影响显著，而股票融资尚未充分发挥支持作用，文化产业整体金融支持水平不高。熊正德等（2014）使用数据包络法度量我国文化产业上市公司股权融资效率，发现整体融资效率偏低，非国有控股企业股权融资效率要高于国有控股企业，西部文化上市公司融资效率要高于中部和东部，并且文化细分行业内差异亦较为明显。

效率问题一直是经济管理关注的热门议题，近年来，专家学者将数据包络法中的 Malmquist 指数模型引入效率研究，形成了丰富的文献。张锡惠（Hsihui Chang，2009）构建 DEA - Malmquist 指数模型测度了会计公司的生产率与效率，对美国实行 SOX 法案颁布前后的会计公司生产效率和技术效率进行了对比。孙爱军等（2011）构建 Malmquist 模型实证检验了我国金融支持省域经济发展的效率，发现 1998 ~ 2010 年中国金融对不同省域影响的程度和效率有所不同，效率高的并非都在东部地区。马军伟（2014）借助 Malmquist 效率模型测度了我国战略性新兴产业发展的金融支撑效率，研究表明其总体效率呈下滑态势，主要原因归于金融技术水平低下。李萌和杨扬（2017）基于上市公司面板数据，利用 DEA - BCC 模型和 Malmquist 指数分别计算战略性新兴产业的金融供给综合效率和动态效率，研究发现经济新常态下的战略性新兴产业金融供给效率相对有效，但应警惕总体的下行趋势，直接融资与间接融资有利于推动战略性新兴产业的迅速发展。何丹和燕鑫（2017）运用我国 2008 ~ 2014 年的省级面板数据，建立 Malmquist 模型评价了金融支持科技创新的效率，研究表明我国科技创新金融供给效率呈逐渐上升趋势，但是金融供给渠道不足。

综上所述，Malmquist 指数方法适用于效率的动态评价，但当前尚没有把它运用到文化产业发展的金融供给效率动态评价的文献。另外，客观来说，文化产业的成长呈现出多投入与多产出特征。按照金融内生论，本书认为金融投入可视为影响文化产业成长的内生要素，把金融对文化产业成长的作用原理设置成一个"文化产业产出"与"金融投入"的黑箱，借助计算投入产出的效率来测度金融供给文化产业发展的作用程度。为此，本章基于 2010～2016 年文化产业上市公司的面板数据，尝试运用 DEA 中的 Malmquist 指数法，评价我国金融供给文化产业整体、细分行业及不同区域的动态效率，并剖析效率变化的原因，以期探究两者结合的真实情况，为政策制定和优化设计提供基础。

5.1.1 模型与方法

5.1.1.1 DEA 方法

参数方法和非参数方法是评价效率的常用方法，其中数据包络分析法（DEA）是最流行的非参数方法之一，它的基本原理是：在保证决策单元的投入或者产出一定的条件下，借助统计数据与数学规划方法来计算相对有效的生产前沿面，把各决策单元映射到生产前沿面上，并逐个对比各决策单元与生产前沿面之间的差距，进而判断它们的相对有效性。DEA 方法的长处在于客观性强，无须提前给出决策单元的具体数学表达形式或权重假定，可直接利用数学规划法判断多投入或多产出系统的相对有效性，而且可以指出低效决策单元相应指标改变的方向和详细的调整量，最终改良低效决策单元。

在现实研究工作中，学者们更关注效率的动态变化与其变化的原因。据此，为了评价文化产业发展的金融供给动态效率及引起变化的因素，本章建立 DEA - Malmquist 模型测度文化产业金融供给的动态效率。Malmquist 指数的概念源于斯特恩·马姆奎斯特（Sten Malmquist，1953），后来法勒·R 等（Fare R et al. , 1992）最先借助数据包络法测算 Malmquist 指数，并将其分解成生产技术变动与技术效率变动。Malmquist 指数法的优势在于：不需要特定的行为假设；无须有关的价格信息；适用于面板数据；还可继续分解成技术效率变动指数与技术进步指数。

5.1.1.2 距离函数

Malmquist 生产率指数计算的基础是距离函数。斯特恩·马姆奎斯特（1953）根据无差异曲线的径向转移程度，最早提出了距离函数的概念。谢泼德（Shephard，1970）在生产函数基础上，将距离函数定义为允许在不需事先假设生产者行为的前提下，解释多投入和多产出的生产技术。距离函数衡量了生产单元远离生产前沿面的距离，包括投入距离函数和产出距离函数。面向投入的投入距离函数是在给定产出下，投入向量能够向生产前沿面缩减的程度，以此来衡量生产技术的有效性；面向产出的产出函数则是在给定投入的条件下，考察产出向量的最大扩张幅度。

假设向量 x 和向量 y 分别表示一个 n 维投入向量和一个 m 维产出向量，这些向量的元素都是非负实数。于是，可以用技术集 S 来表示多输入多输出生产技术，该集合由所有可行的输入输出向量 (x, y) 组成，使得 x 能生产出 y，即式（5.1）：

$$S = \{(x, y): x \text{ 能生产出 } y\} \tag{5.1}$$

用产出集 $P(x)$ 来描述使用输入向量 X 生产出的所有输出向量 y 的集合，该集合是和各种不同输入向量 x 相对应的生产可能性集，被定义为式（5.2）：

$$P(x) = \{y: x \text{ 能生产出 } y\} = \{y: (x, y) \in S\} \tag{5.2}$$

对于任意的输入向量 x，产出集 $P(x)$ 具有如下性质：（1）对于给定的输入集，输出可以为零（即不生产是可能的）；（2）零投入不能生产出非零输出；（3）$P(x)$ 满足输出的强可处置性：如果 $y \in P(x)$ 且 $y^* \leq y$，那么 $y^* \in P(x)$；（4）$P(x)$ 符合输入的强可处置性：若 y 能由

x 生产，那么 y 能由任意 x^* 生产，这里 $x^* \geqslant x$；（5） $P(x)$ 是凸的有界闭集。

定义于产出集 $P(x)$ 上的产出距离函数可以表示为式（5.3）：

$$D(x, y) = \min\{\delta: (y/\delta) \in P(x)\} \tag{5.3}$$

从生产可能性集所具有的性质，可以得到产出距离函数具有如下性质：（1）对于所有非负的 x，$D(x, 0) = 0$；（2） $D(x, y)$ 关于 y 非递减，关于 x 非递增；（3） $D(x, y)$ 关于 y 是线性齐次的；（4）如果 y 属于 x 的生产可能性集，那么 $D(x, y) \leqslant 1$；（5）如果 y 属于生产可能性集（x 的生产可能性曲线）的"前沿"，距离函数等于1。

5.1.1.3 Malmquist 指数

假定规模报酬固定，以 t 期作为技术参考期，t 时期生产点是 (X_t, Y_t)，S_t 是技术集，也是所有可行的输入输出向量的集合，其中每一固定输入下的最大产出子集为生产技术的前沿。由于在多输出条件下，往往难以获得输出距离函数的最小值，这时不妨使用"下确界"（inf）来代替最小值，此时，相对于生产技术前沿，t 时期的产出距离函数可以表示为式（5.4）：

$$D_t(X_t, Y_t) = \inf\{\theta: (X_t, Y_t) \in S_t\} \tag{5.4}$$

式（5.4）表示对于 $(X_t, Y_t) \in S_t$，$D(x_t, y_t) \leqslant 1$，当且仅当 (X_t, Y_t) 位于生产技术前沿边界时，$D(x_t, y_t) = 1$，这种情形下生产是最有效的，意味着在输入固定下实现了最大产出。

同理，$t+1$ 时期的生产点 (X_{t+1}, Y_{t+1}) 与 t 时期生产前沿面的距离函数为式（5.5）：

$$D_t(X_{t+1}, Y_{t+1}) = \inf\{\theta: (X_{t+1}, Y_{t+1}) \in S_t\} \tag{5.5}$$

以 $t+1$ 期作为技术参考期，$t+1$ 期的生产点 (X_{t+1}, Y_{t+1}) 与当期生前沿面的距离函数为式（5.6）：

$$D_{t+1}(X_{t+1}, Y_{t+1}) = \inf\{\theta: (X_{t+1}, Y_{t+1}) \in S_{t+1}\} \tag{5.6}$$

t 期的生产点 (X_t, Y_t) 和 $t+1$ 期生产前沿面的距离函数为式（5.7）：

$$D_{t+1}(X_t,\ Y_t)=\inf\{\theta: (X_t,\ Y_t)\in S_{t+1}\} \qquad (5.7)$$

其中，X_t，X_{t+1} 分别表示 t 和 $t+1$ 时期的投入量，Y_t，Y_{t+1} 分别表示 t 和 $t+1$ 时期的产出量，S_t，S_{t+1} 分别表示 t 和 $t+1$ 时期的生产可能集。

Malmquist 指数是以 t 或 $t+1$ 期技术为参考，前后两期距离函数的比值分别为式（5.8）和式（5.9）：

$$M_t=\frac{D_t(X_{t+1},\ Y_{t+1})}{D_t(X_t,\ Y_t)} \qquad (5.8)$$

$$M_{t+1}=\frac{D_{t+1}(X_{t+1},\ Y_{t+1})}{D_{t+1}(X_t,\ Y_t)} \qquad (5.9)$$

技术参照时期不同，得到的指数也不相同，为了避免时期选择不同带来的差异，依据 Fisher 理想指数的结构方式，取式（5.8）和式（5.9）的几何平均表示度量 t 期到 $t+1$ 期的全要素效率变化的 Malmquist 指数，即式（5.10）：

$$M_{t,t+1}=\left[\frac{D_t(X_{t+1},\ Y_{t+1})}{D_t(X_t,\ Y_t)}\times\frac{D_{t+1}(X_{t+1},\ Y_{t+1})}{D_{t+1}(X_t,\ Y_t)}\right]^{\frac{1}{2}} \qquad (5.10)$$

Malmquist 指数（tfp）可分解成技术进步指数（$tech$）与技术效率变化指数（eff），而技术效率变化指数（eff）又可继续分解成规模效率指数（$sech$）跟纯技术效率指数（$pech$），具体分解过程为式（5.11）：

$$M_{t,t+1}=\frac{D_{t+1}(X_{t+1},\ Y_{t+1})}{D_t(X_t,\ Y_t)}\times\left[\frac{D_t(X_{t+1},\ Y_{t+1})}{D_{t+1}(X_t,\ Y_t)}\times\frac{D_t(X_t,\ Y_t)}{D_{t+1}(X_t,\ Y_t)}\right]^{\frac{1}{2}}$$

$$=\frac{D_{t+1}(X_{t+1},\ Y_{t+1})_{VRS}}{D_t(X_t,\ Y_t)_{VRS}}\times\frac{SE_{t+1}(X_{t+1},\ Y_{t+1})}{SE_t(X_t,\ Y_t)}$$

$$\times\left[\frac{D_t(X_{t+1},\ Y_{t+1})}{D_{t+1}(X_t,\ Y_t)}\times\frac{D_t(X_t,\ Y_t)}{D_{t+1}(X_t,\ Y_t)}\right]^{\frac{1}{2}} \qquad (5.11)$$

式（5.11）右边的三项依次代表技术效率变化、规模效率变化及技术进步效率变化，于是得到式（5.12）：

$$M=eff\times tech=pech\times sech\times tech \qquad (5.12)$$

式（5.12）中，当 $M>1$，表明从 t 到 $t+1$ 期整体生产率提高，反之生产率下降，如果 $M=1$，说明生产率没有变化。eff 表示技术效率变化，刻画了从 t 到 $t+1$ 期每个生产单元对生产前沿边界的追赶，对应着"水平效应"，检验金融要素配置是否有效，投入规模是否最优，经济政策含义是考量金融体系内部的体制经营与管理水平情形，$eff>1$ 说明前沿面下的决策单元逐渐向前沿面靠近，相对技术效率不断增加，$eff<1$ 说明偏离前沿面，技术效率降低。$tech$ 表示技术进步的变化，反映 t 到 $t+1$ 期技术边界的转移，对应着"增长效应"，其经济政策含义表示金融系统先进技术的应用、产品和服务创新的水平，$tech>1$ 意味着生产可能性边界向外推移，也就是技术进步，反之表示技术衰退。纯技术效率 $pech$ 反映生产单元利用现有投入生产相应产出的能力，$pech>1$ 说明规模报酬变化条件下效率有所提高，相反纯技术效率下降。规模报酬率 $sech$ 反映生产单元达到技术最优生产规模的能力，$sech>1$ 表明相对于第 t 期，第 $t+1$ 期更接近固定规模报酬，规模收益递增，$sech<1$ 则偏离固定规模报酬，规模收益递减。

5.1.2 变量的选取与定义

文化产业的金融供给效率可以被认为是文化产业在运行过程中，通过投入金融要素，进而实现若干产量的文化产业产出，并由此形成相应对比关系。其中，投入的金融要素包括企业通过银行、股票市场、债券市场、文化产业基金等多种融资渠道获取的资金。产出则是文化产业增加值、财务比率指标、R&D 指标等。

金融投入指标的选取和金融体系的特征度量指标相关。戈德史密斯最早使用金融相关率，即一国金融资产总额与实物资产总额之比衡量一国的金融发展程度，后来出现了 M2/GDP（货币存量/国内生产总值）、LLY（金融中介流动负债/国内生产总值）、PRIVATE（非金融私人部门信贷/总信贷）等一系列指标。国内要么照搬国外的相应指标，要么结合我国实际情况构建金融系统指标。如在表征中国金融发展度时使用金融活动率、金融相关率及金融结构等指标①。不过上述指标都是从宏观角度度量金融系统的特征。而本章以文化产业领域上市公司为研究样本来考察金融资本的筹措和配置情况，遵循代表性、可比性、可靠性的变量挑选原则，这里借鉴熊正德和林雪（2010），选取流通股占总股本比重、资产负债率作为金融投入变量，依次表征以股市为代表的直接金融投入、以银行为代表的间接金融投入。同时，为了反映宏观经济状况和市场因素对投资造成的影响，将 Beta 值也选为投入指标，用来测度金融供给过程中的风险因素。

就文化产业发展而言，常用度量指标主要涵盖财务比率指标（比如衡量财务能力、获利能力、成长能力、运营能力等指标）、R&D 指标、增加值指标（如增加值占 GDP 比重、人均增加值等）、专利指标（如专利申请或授权数量、专利数量/R&D 人员、专利数量/R&D 经费等）。考虑到数据的可获取性和可比性，本章将年度营业总收入增长率、每股收益增长率、净资产收益率、净利润增长率 4 个衡量文化产业公司的成长能力的指标作为效率评价模型的产出指标，以反映金融供给行为对文化产业企业绩效和规模的作用。由此，文化产业金融供给效率的投入、产出变量的选取和定义见表 5.1。

表 5.1　　　　　文化产业金融供给效率的投入与产出变量

变量类型	变量名	变量定义
投入变量	$X1$	资产负债率
	$X2$	流通股占总股本比例
	$X3$	系统风险指标

---

① 孙伍琴，朱顺林. 金融发展促进技术创新的效率研究——基于 Malmuquist 指数的分析 [J]. 统计研究，2008（3）.

变量类型	变量名	变量定义
	Y1	营业总收入增长率
产出变量	Y2	净资产收益率
	Y3	每股收益增长率
	Y4	净利润增长率

5.1.3 数据说明与处理

截至 2016 年 12 月，在沪深证券交易所文化产业领域的上市公司共计 115 家，考虑到样本数据缺失因素，本章随机抽取数据齐全的上市公司 60 家作为研究样本，按照《文化及相关产业分类（2012）》分类标准，60 家样本公司包括广播电视电影业 12 家，新闻出版发行业 12 家，文化艺术业 2 家，文化创意和设计业 4 家，文化信息传输 18 家，文化休闲娱乐业 7 家，文化用品生产业 2 家，工艺美术品生产业 2 家，文化专用设备生产业 1 家，由于我国目前尚未有文化产品生产的辅助生产类的上市公司，故所选样本只涉及 9 个大类的上市公司。这里选取 2010~2016 年各个样本公司年度数据，时间跨度之所以从 2010 年开始主要是为了反映政策扶持阶段文化产业金融的供给状况。数据资料来源于锐思数据库及各上市公司年报。

DEA 模型要求投入产出变量值为非负数，而选取的投入产出变量原始数据可能出现负值，比如净利润增长率，当公司面临亏损时，其税后利润出现负值，那么净利润增长率就会为负。据此，需要将投入产出指标通过某函数表达式归一化到一个正值区间，运用方法为式（5.13）：

$$y_{ij} = 0.1 + 0.9 \times \frac{x_{ij} - a_j}{b_j - a_j} \tag{5.13}$$

其中 $a_j = \min_i(x_{ij})$，$b_j = \max_i(x_{ij})$，$y_{ij} = [0, 1]$，$i = 1, 2, \cdots, n$。

5.2　实证结果与分析

　　基于我国 60 家文化产业上市公司面板数据，使用 DEAP 2.1 软件，得到 2010 ~ 2016 年间文化产业上市公司金融供给整体发展、细分行业及不同区域的动态效率 Malmquist 指数及其分解的逐年变动情况，结果分别见表 5.2 ~ 表 5.4。

表 5.2　　　　　　　　文化产业金融供给整体的动态效率

时间	技术效率指数	技术进步指数	纯技术效率指数	规模效率指数	Malmquist指数
2010 ~ 2011 年	1.091	0.773	1.078	1.011	0.843
2011 ~ 2012 年	1.049	0.845	1.116	0.940	0.886
2012 ~ 2013 年	0.983	0.831	1.079	0.911	0.817
2013 ~ 2014 年	0.930	1.179	0.784	1.186	1.096
2014 ~ 2015 年	1.346	0.749	1.230	1.094	1.008
2015 ~ 2016 年	0.932	1.105	0.929	1.003	1.030
均值	1.046	0.899	1.025	1.02	0.941

表 5.3　　　　　　2010 ~ 2016 年文化产业细分行业的
金融供给的 Malmquist 指数及分解

类别	技术效率指数	技术进步指数	纯技术效率指数	规模效率指数	M 指数
新闻出版发行	1.051	0.908	1.039	1.011	0.955
广播电视电影	1.024	0.898	0.972	1.059	0.922
文化艺术	1.011	0.951	0.877	1.154	0.961
文化信息传输	1.063	0.883	1.049	1.016	0.940

类别	技术效率指数	技术进步指数	纯技术效率指数	规模效率指数	M 指数
文化创意与设计	1.060	0.892	1.061	0.999	0.946
文化休闲娱乐	1.137	0.916	1.140	0.998	1.043
工艺美术品	0.850	0.937	0.874	0.973	0.796
文化用品生产	0.99	0.893	0.996	0.994	0.884
文化专用设备生产	1.365	0.893	1.359	1.005	1.219

表 5.4　　2010～2016 年不同区域文化产业上市公司金融供给的 Malmquist 指数及分解

区域	个数	技术效率指数	技术进步指数	纯技术效率指数	规模效率指数	M 指数
东部	46	1.051	0.895	1.031	1.022	0.941
中部	7	0.970	0.916	0.933	1.042	0.890
西部	7	1.168	0.917	1.163	1.005	1.071

5.2.1　文化产业金融供给动态效率整体分析

由表 5.2 可知，2010～2016 年文化产业上市公司金融供给的 Malmquist 指数平均值为 0.941，平均降低了 5.9%（表 5.2 年均减低率＝每年的降低率之和/年数），这表明在整个样本观测期内文化产业金融供给整体发展的总体效率不高，也就是说金融系统借助技术创新、资源配置等方式供给文化产业发展的效果有待进一步提升。但从综合技术效率值的趋势来看，2010～2013 年 Malmquist 指数均小于 1，2014～2016 年的 Malmquist 指数均大于 1，表明文化产业整体发展的金融供给效率是有波动的递增趋势，可能的原因是，自 2014 年文化部等部门提出《关于深入推进文化金融合作的意见》之后，受国家宏观调控和对文化产业的政策扶持，文化产业上市公司整体的金融供给效率有了一定程度的提高。

从 Malmquist 指数的分解来看，技术进步平均增长率为 - 10.1%，技术效率平均增长率为 4.6%，这表明 2010～2016 年文化产业发展的金融供给总体效率之所以低下，主要因为技术进步水平偏低。为此，文化金融供给端总体效率提高更依赖于金融技术创新进步率的增长，要重视产品和服务的创新及先进技术装备的应用。进一步分析可知，在技术效率变动中，纯技术效率平均增长率为 2.5%，规模效率的平均增长率为 2%，这表明我国文化产业的金融供给整体发展的技术效率提高得益于纯技术效率和规模效率的双重影响，可见，在文化金融供给侧结构性改革的过程中，金融技术效率的上升即金融资源配置功能的改善不仅要侧重金融体系的体制改革和管理效率的提升，还要考虑合理的发展规模。[1]

5.2.2 文化产业细分行业金融供给动态效率分析

从表 5.3 可知，文化产业金融供给的效率表现出行业的异质性。Malmquist 指数来看，2010～2016 年平均增长率最高的是文化专用设备生产（21.9%），其次是文化休闲娱乐（4.3%），增长率为负的行业是新闻出版发行（- 4.5%）、广播电视电影（- 7.8%）、文化艺术（- 3.9%）、文化信息传输（- 6%）、文化用品生产（- 11.6%）、文化创意与设计（- 5.4%）、工艺美术品（- 20.4%）[2]，这主要是因为：一是样本量大小不一，比如文化专用设备生产只有一家上市公司，工艺艺术品也仅两家公司，可能会由于样本量太少致使实证结果与实际情况发生偏差。二是各行业发展不均衡。由于房地产业和矿产业等非专

---

① 此处的平均增长率由表 5.2 年均增长率 = 每年的增长率之和/年数，计算而来。
② 表 5.3 每项增长率 = 每个行业的 M 指数 - M 指数均值/每个行业的 M 指数。

业的民间资本大规模涌入广播电视电影业，致使泡沫充斥着整个行业，很多投资面临亏损，金融供给效率低下；新闻出版发行属于传统的文化行业，且多为国有控股，其管理体制的落后性是金融资源配置效率较低的根源；文化创意与设计业及文化信息传输行业在我国起步较晚，以中小企业为主，其产品设计开发和创新能力较弱，容易陷入融资难、产出低的困境。综上所述，除了文化休闲娱乐业和文化专用设备生产业，其他七大行业的金融供给效率趋势是下降的。

从 Malmquist 分解来看，新闻出版发行业、广播电视电影业、文化艺术业、文化信息传输业和文化创意与设计业的金融供给效率①下降主要归结于技术水平的下降，这 5 个行业的金融供给的综合技术效率平均值（即技术效率指数）都在上升，而技术水平值却在下降。技术水平的下降抵消了综合技术效率的正效应，导致它们的金融供给效率均值呈下行态势。为此，这五大行业的金融供给总体效率提升要从技术创新角度发力。文化用品生产业和工艺美术品生产业总体效率下滑最明显，这是由于技术进步与技术效率的同步大幅下跌，说明金融系统的资源配置功能和技术创新功能都没有充分施展。因此，对于文化用品生产业和工艺美术品生产业的发展来说，其金融供给效率的提高不仅要努力提升技术创新水平，还需积极推进金融资源配置效率的优化。

5.2.3 文化产业不同区域上市公司金融供给动态效率分析

表 5.4 列出了按东部、中部、西部②划分的各地区文化产业上市公司金融供给 Malmquist 指数及其分解情况。可以看出，我国不同区域文

---

① 5.2.1 文化产业金融供给动态效率整体分析中提到 M 指数平均降低 5.9%。
② 东部地区包括北京、天津、河北、辽宁、上海、江苏、浙江、福建、山东、广东和海南 11 个省份，中部包括山西、吉林、黑龙江、安徽、湖南、江西、湖北和河南 8 个省份，西部包括广西、内蒙古、贵州、四川、重庆、陕西、青海、云南、甘肃、新疆、西藏和宁夏 12 个省份。

化产业上市公司金融供给效率也存在差异性。具体而言，文化产业上市公司分布呈现"东多西少"的现象，东部地区多达 46 家，占整个样本数的 76.67%，中西部地区上市公司较少。可见，相对开放的市场氛围和良好的金融环境有益于推动文化产业公司的上市。

通过对比表 5.4 与表 5.2，并从 Malmquist 指数来看，2010～2016 年西部地区平均增长率最大，为 7.1%，东部地区和中部地区则呈下降趋势，其增长率分别为 -5.9%、-11%。技术效率方面，西部增长率最高，达 16.8%，东部次之，为 5.1%，中部则为 -3%。技术进步方面，东部、中部、西部均为负增长，分别为 -10.5%、-8.4%、-8.3%，且东部下降幅度最大。东部和西部的纯技术效率分别以年均 3.1% 和 16.3% 的速度增长，而中部的纯技术效率以年均 6.7% 的速度下跌。东部、中部、西部的规模效率指数均为正，平均增长率依次为 2.2%、4.2% 和 0.5%。文化产业金融供给效率增长最快的是西部地区，且主要得益于技术效率，表明西部地区虽然社会经济发展相对落后，但政府为其文化资源开发提供了大量的资金和政策扶持，从而促进了文化产业的优先发展并呈现出金融供给的高效率，不仅如此，旅游业和文化产业与融合发展亦开启了文化资源的充分利用进程。文化产业金融供给效率增长处于第二的是东部地区，且技术进步下降显著，冲销了技术效率的正向效应，这表明东部地区尽管融资环境好，上市公司多，但是金融技术创新不足严重掣肘了该区域金融供给效率的提高。文化产业金融供给效率最低的是中部地区，主要原因是技术效率低下和技术水平落后，这说明中部地区金融体系发展潜力发挥不足，金融的弱化使得金融供给侧的资源配置功能和技术创新功能均未有效释放，处于"中部塌陷"的尴尬境地。

5.3　本章小结

本章将金融投入作为影响文化产业发展的内生因素，把金融对文化产业发展的支持机制假设为一个"金融投入"和"文化产业产出"的黑箱，采用我国 2010~2016 年 60 家文化上市公司的面板数据，建立 DEA-Malmquist 模型，从动态视角对我国金融供给文化产业整体、细分行业及不同区域的效率进行了分析与评价，其结论是：

（1）从整体结果来看，2010~2016 年我国文化产业金融供给整体发展的总体效率不高，主要是因为技术进步水平偏低，说明文化金融供给端总体效率提高更依赖于金融技术创新进步率的增长。同时，纯技术效率和规模效率的双重提升有益于促进技术效率的提高，表明不仅要着眼于金融体系的体制机制改革和管理效率的提升，还要考虑合理的投入规模。

（2）文化产业金融供给效率表现出行业的异质性，2010~2016 年文化专用设备生产业和文化休闲娱乐业的金融供给总体效率表现为上升趋势，广播电视电影业、新闻出版发行、文化艺术业、文化创意与设计业、文化信息传输业的金融供给总体效率是下降的，且主要由于技术水平低下，文化用品生产业和工艺美术品生产业金融供给总体效率下滑最明显，这是因为技术进步与技术效率同步大幅下跌，说明金融系统的资源配置功能和技术创新功能都没有被充分应用。

（3）我国不同区域文化产业上市公司金融供给效率也存在差异性。西部地区文化上市公司的金融供给效率增长最快，主要源于技术效率的提高。东部地区次之，其技术进步下降显著，表明金融技术创新不足严重掣肘了该区域金融供给效率的提高。中部地区文化上市公司的金融供给效率最低，主要原因是技术效率偏低和技术水平落后，说明中部地区金融体系发展潜力发挥不足，金融的弱化使得金融供给侧的资源配置功能和技术创新功能均未有效发挥。

第6章

国外金融供给文化产业发展的经验

2008 年金融危机以来,世界传统产业遭受重创,文化产业逆袭,成为调整经济结构的重要力量。文化产业的兴盛繁荣在很大程度上依托于金融的扶持与推动。纵观全球文化产业发达的国家,其金融供给对文化产业的成长都发挥了举足轻重的作用。每个国家运用的金融供给手段各有千秋,但它们皆形成了适合本国文化环境的、成熟的金融供给体系,扶持和指导其文化产业的蓬勃发展,并收获了令人瞩目的佳绩。据此,本章分别以英美的市场主导型模式和日韩的政府主导型模式作为典范,探索国外文化产业的金融供给实践状况,全面系统地归纳总结各国的金融供给经验,为我国文化产业金融供给侧结构性改革提供参考。

6.1 美国文化产业金融供给的实践体系

6.1.1 美国文化产业发展现状

美国作为世界文化产业超级大国,拥有发达的文化产业,其总体竞

争力居世界首位。2016 年《美国经济中的版权产业》调查报告公布了
2001～2007 年期间版权产业对美国 GDP 所作的贡献。从 2001 年起，美
国工业开始下滑，经济陷入疲软泥潭，其 GDP 也出现下跌趋势，然而，
版权产业像一匹黑马，始终保持增速发展。美国版权业的核心产业在
2007 年的增值为 8,891 亿美元，对国内生产总值的贡献达到 6.44%。
同年版权产业拥有就业人数 560 万，占全美就业人口的 4%。此外，世
界排名前三的影视公司都设在美国，美国还拥有上万家报刊，2 万多类
杂志，1,440 家电视台，以及 15,451 家广播电台。发达国家文化产业占
GDP 的比例是 10% 左右，而美国文化产业占国内生产总值的比重高达
25%，成为美国的三大支柱产业之一，凭借 43% 的全球文化产业市场
份额，雄踞世界第一。

6.1.2 美国文化产业的金融供给

美国文化产业的繁荣依赖于其成熟、发达的金融市场。美国是市场
主导型金融模式的代表，直接金融尤其是股权投资占据着行业和企业融
资的垄断地位。文化产业获得资金支持的渠道非常多，除了政策性扶
持、多层次资本市场等渠道以外，志愿者行动、外资投资在支持文化产
业发展的过程中作用也较为突出。

6.1.2.1 政策性金融

在财政上，美国每年的财政预算中都会拿出部分资金来全力支持公
益性文化基础设施建设。在基金捐赠和财团资助上，美国联邦政府设立
了政策性基金支持文化产业项目的发展，主要有美国国家科学基金、美
国国家艺术基金会、国家人文基金等。实际上，相比于政府财政拨款，
民间捐赠给文化团体及个人的资金更多。如美国运通基金会、摩根财
团、第一花旗银行财团、大通银行基金会、杜邦财团、洛克菲勒财团、
梅隆财团等实力雄厚的企业财团均涉足文化产业。文化产业还得益于早

期的《美国联邦税法》，此法明确指出减免赞助文化产业者的税赋。此外，政府还实施了支持文化产业转型发展的财政税收政策，如次贷危机爆发后，美国各州陆续出台了文化产业税收优惠政策，减免影视业、游戏、广告等行业的税收，从而给文化产业的发展提供了充足的资金保障。

6.1.2.2　多层次资本市场支撑

（1）股市融资。美国是以直接融资为主导的国家，完备的股票市场给文化企业搭建了一个股权融资平台，开通了顺畅的融资渠道。金融资本和社会资本以股权方式参与，为美国文化产业的市场化发展供应了新鲜血液。美国大型的文化集团差不多均通过股票上市形式进行融资，比如时代华纳、迪士尼和福克斯等。迪士尼公司于1995年以190亿美元高价并购美国广播公司，借助股票市场筹得其中的94.4亿美元。[①]

（2）债券融资。美国文化企业往往也会从债券市场获得融资。比如迪士尼公司收购案，还通过债券融资支付了93.7亿美元。[②] 随着金融工具的不断创新，诸多类型的债券融资工具可供美国文化企业挑选，当前较为流行的文化产业债券方式就是资产证券化：投资证券公司将影片、影碟销售收入或票房收入的未来收益作为基础资产，向投资者出售证券化产品实现融资。比如环球的《银河》系列、福克斯的《千禧年》及迪士尼的《星座》等电影在花旗银行进行了约42亿美元的证券化交易。[③]

（3）金融创新推动资金源源不断地流入文化产业。美国发达的金融市场和金融创新环境为文化产业提供了强大的支持。华尔街私募基金成为电影融资的重要资本来源。以电影投资基金为例，运用投资组合理论，在电影基金的投资组合中囊括了20多部题材迥异的影片，不仅大

---

①②　龚新叶. 迪士尼的世纪跌宕［N/OL］. 人民网，2016（16）. http：//paper. people. com. cn/hqrw/htm/2016 – 06/16/content_1725963. htm.

③　徐明亮. 发达国家金融体系支持创意产业发展的举措及启示［J］. 浙江金融，2011（2）.

大分散了投资风险，还吸引了保险资金和退休资金的进入。此外，发达的金融工具能够将一笔融资划分为优先股、高收益债及低收益债等多种类型的金融产品，吸引不同风险偏好的投资者，满足他们收益与风险的需要。统计显示，基金报酬率在一定的财务杠杆比例下，一般会大于20%，加之电影收益很少受到宏观经济及股市的影响，容易获得基金的青睐。

6.1.2.3 志愿者行动

2007~2008 年，美国文化、艺术等机构有近 39 万名的志愿者，数目庞大。假若按每个志愿者服务 1,700 小时/年计算，所有志愿者的服务时间将长达 6.63 亿小时。按照美国最低工资标准（6.2 美元/小时），这种志愿者行动替政府节约了 41.1 亿美元。各类非营利性文化机构的志愿董事也是美国文化产业发展的特色。这些志愿董事不单出钱资助文化机构，而且要承担文化机构运营失败的负债。以旧金山亚洲艺术馆为例，70 位董事截至 2017 年共捐款 2,500 万美元，这已经成为美国富人展现公益心、树立良好社会形象的有效途径。[①]

6.1.2.4 积极利用外资

一般而言，美国的文化产业多有外国跨国公司的参与和运作，政府并不在乎本地文化企业的控股权，更看重文化产业能否保持活力和繁荣。例如，澳大利亚新闻集团是好莱坞的福克斯（Fox）的大股东，而日本索尼、德国 BMG 等外国跨国公司，在美国市场上也获得了巨大收益。利用外资发展文化产业形成了国际化特征，外资的引入保证了每一个环节均由最出色的团队完成。如《蜘蛛侠》总投资是 1.39 亿美元，票房收入达 8 亿美元，产出为前期投资的 5.76 倍，这让外国投资者产

---

① 《旧金山亚洲艺术博物馆，2018－2019 建设新展馆》ARTouch 网，https：//artouch.com/art-news/content－1804，html.

生了巨大的投资信心①。

6.2　英国文化产业金融供给的实践体系

6.2.1　英国文化产业发展现状

　　文化产业是英国发展速度最快的产业，也是同金融服务业并驾齐驱的支柱产业。英国 2009 年的文化产业产值为 36.29 亿英镑，占国内生产总值的比重为 2.89%。文化产业就业人数是 150 万，占总就业人口的5.14%；文化产业出口额占英国服务业出口额的 10.6%。同年，英国音乐产业的产值达到 40.7 亿英镑，占国内生产总值的 0.32%，其产量为全球音乐产业的 15%，成为全球第三大音乐销售市场。英国在电视和广播产业方面也处于领导地位，节目时数占全球市场的 53%，电视频道超过 600 个，每年制播的节目内容高达 27,000 个小时，并且大部分出口国外。英国拥有世界一流的电影制作中心，电影工作室上百家，在单独制片、商业大片、动画、戏剧、纪录片等方面均表现出色。伦敦既是世界上第三大最繁荣的电影制作中心，又是广告的天堂，全世界将近 2/3 的广告公司的总部设在伦敦。英国有 13,200 家广告公司，不仅能制作标新立异的广告，而且还在进行最先进的数字广告研究并斩获了很多知名大奖。在设计领域，英国有 4,000 多家商业设计咨询公司和大量自由设计师②。

---

　　①　如何造一座"文化产业城"，青岛日报，2014 年 3 月 31 日，https：//www. dailyqd. com/epaper/html/2014 – 03/31/content_4669. htm.

　　②　英国创意产业调研，2012 – 01 – 18，http：//gb. mofcom. gov. cn/article/i/20120/20120107932523. shtml.

6.2.2 英国文化产业的金融供给

英国作为最早出现文化产业的国家，拥有完善且成熟的文化产业金融供给体系，不仅有多元化的融资模式，还有政府直接、间接扶持以及有效的担保服务，这些成为文化产业发展的坚强后盾。

首先，实施公私合营多元化融资方式。英国文化产业的融资途径包括公共资金和私人投资。公共资金大部分来自英国电影协会、国家科学和艺术基金会、高校孵化基金，以及贸工部在地区发展局下设立的文化产业特殊基金，如西北地区发展基金、初期成长风险基金、伦敦种子基金、西北地区种子基金等；政府名下的苏格兰企业发展基金与高科技基金也向文化产业投入资金。同时，在脱欧前，英国文化产业还能够申请欧盟发展基金。国家彩票基金是英国比较有特色的文化创意产业基金。英国通过立法规定拿出部分国家彩票收入注入文化基础设施建设中，用以扶持杰出艺术门类发展和人才培养。1994~2019 年，英国涉及艺术领域的彩票基金达到 79 亿英镑，并给 43,000 个项目提供了资助。2006~2021 年，国家彩票基金启动了振兴历史文化公园和公墓。并已向 135 个项目提供了 2.54 亿英镑的资金。其资助渠道包括遗产基金的数字技能基金，这是一只 350 万英镑的基金，用于支持文化遗产行业的数字志愿者工作，于 2021 年 11 月启动。①

其次，在"一臂之距"规定下，政府间接与直接相配合的双轨支持方式成为英国的财政金融战略。资金来源上，政府出资 1/3，社会资金占 1/3，自营收入占 1/3。在直接支持方面，英国中央财政预算的平均年增长率为 6.6%，中央文化财政预算在 2007 年和 2008 年均超过 16

---

① 资料来自国家彩票遗产基金网站，www. heritagefund. org. uk.

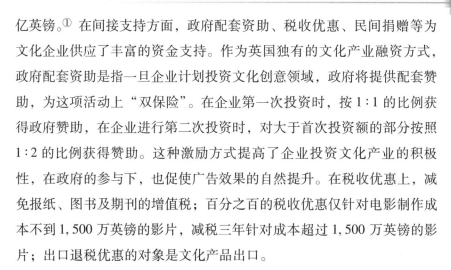

亿英镑。① 在间接支持方面，政府配套资助、税收优惠、民间捐赠等为文化企业供应了丰富的资金支持。作为英国独有的文化产业融资方式，政府配套资助是指一旦企业计划投资文化创意领域，政府将提供配套赞助，为这项活动上"双保险"。在企业第一次投资时，按 1:1 的比例获得政府赞助，在企业进行第二次投资时，对大于首次投资额的部分按照 1:2 的比例获得赞助。这种激励方式提高了企业投资文化产业的积极性，在政府的参与下，也促使广告效果的自然提升。在税收优惠上，减免报纸、图书及期刊的增值税；百分之百的税收优惠仅针对电影制作成本不到 1,500 万英镑的影片，减税三年针对成本超过 1,500 万英镑的影片；出口退税优惠的对象是文化产品出口。

最后，保证中小文化企业的早期融资。英国文化产业快速发展的一个重要原因是政府及时援手帮扶文化产业走出了早期的融资困境。英国数字、文化、媒体和体育部发布了《创意产业资金地图》《融资一点通》等系列手册，引导文化企业从政府和金融机构获取融资补助。

6.3 　日本文化产业金融供给的实践体系

6.3.1　日本文化产业发展现状

日本文化产业在亚洲甚至全球都曾处于领先地位。从 2004 年开始，它的文化产业年产值基本在 14 兆日元左右，约占 GDP 的 2.8%，截至 2009 年，日本内容产业市场规模达到 11.16 万亿日元，其中影视业所占比重是 47%，是文化产业的主体部分。2010 年日本的影视业发展速

---

① 英国文化贸易与投资指南．商务部国际贸易经济合作研究院 2016 年 8 月，http://pic. tradeinservies. mofcom. gov. cn/cu/tureTrade/England. pdf.

度惊人，国产影片数目超过 400 部，国外进口影片接近国产影片的一半，为 208 部，说明日本国产影片发展势头强劲，不受进口影片的冲击。2011 年 1 月，日本的电视播放方式有所调整，摒弃了原来的模拟信号，取缔了无偿的普通电视，彻底跨入数字信号时代。动漫业是日本文化产业的支柱性产业，不过近年来它的发展状况不甚理想。可能的原因是日新月异的数字技术促进了影视业和互联网的迅速成长，逐渐取代了以 DVD 或纸张为载体的原有动漫形式。2018 年日本内容市场规模约为 10.6 万亿日元，占世界市场的比重为 8.17%。同时，在许多方面日本拥有亚洲最大、最发达的文化创意产业，如日本是世界第二大音乐市场。就文化创意产业的结构来说，出版业、视频相关产业及游戏产业是其文化创意产业中的主要构成部分。预计到 2023 年，游戏业所占比重将会上升至 21%。[①]

6.3.2　日本文化产业的金融供给

金融供给在日本文化产业的壮大成长中发挥了关键作用。日本通常采用政府主导、政府和社会资本共同参与的支持形式。具体而言，一是政府财政大规模投资。在"文化立国"国家战略的指导下，日本发布了《文化产业的商务振兴政策》和《文化产业促进法》等一揽子法律政策，营造了包括政府补助、民间赞助、税收优惠、金融机构等方面的完备的财政政策系统，以更好地服务文化产业。日本政府支持文化产业发展的另一措施就是不断增加财政预算，加大对文化产业的投资力度。如 2003 年，日本文化厅文化财政预算已超过 1,000 亿日元，尽管 2011 ~ 2012 年日本遭受了大地震、海啸等一系列打击，文部科学省的文化预

---

① 商务部国际贸易经济合作研究院. 对外投资合作国别指南——日本，http：//nnwxxq. gxzf. gov. cn/xxfb/ztzl/RCEPywzl/pqdt/W0202301/0628783706375. pdf.

算仍是 1,074.47 亿日元,不但没减少,反而增长了 4.2%。① 另外,日本还借助税收优惠政策、文化登记制度等措施来激励个人与企业投资、捐助文化产业。

二是大力发展文化证券投资基金与文化艺术振兴基金。1990 年 3 月日本设立了"文化艺术振兴基金",社会赞助 112 亿日元,政府资助 541 亿日元②。由舞台艺术部、文化财产部、影像艺术部、地域文化与文化团体活动部等部门对资助项目共同进行评估审议。除此之外,日本券商也成立了各种文化产业投资基金,如 GONZO 株式会社、日本数字内容协会、JET 证券与乐天证券兴办的日本动漫基金大量吸收民间资本,满足文化产业发展的资金需求。

三是成立中小型文化企业融资担保与文化产业投资联盟系统。日本政府主导的中小型企业信用担保公司,除了提供贷款担保外,还能向保险金库申请再保险。文化产业投资联盟是指具有长期合作关系的上下游企业共同投资和承担风险的机制,为日本动漫业的成功发挥了巨大作用,动漫作品原创工作室、广告公司、电影公司、衍生品生产商、电视台、游戏软件公司联合打造一部作品,大大降低了新产品的开发风险,也保证了资金来源,同时调动各方积极性,发挥其专业技能。

四是推动知识产权证券化。日本当局特意修订了《信托业法》,允许著作、电影、电视、动漫等知识产权所有人凭借资产证券化的方式进行社会融资活动,并由政府成立专门的知识产权管理公司,以各公司收取的专利使用费作为证券估值依据,通过知识产权证券融资支持企业发展。

五是企业直接资助文化产业。企业通过各种文化资助活动来提升自己的品牌形象,为企业商誉加分。如三得利公司修建的音乐厅和 NEC 赞助的全日本围棋擂台赛,都取得了良好的效果。

---

① ② 姜龙范.东亚社会合作:以中日韩三国的发展为例 [M].北京:社会科学文献出版社,2021.

6.4 韩国文化产业金融供给的实践体系

6.4.1 韩国文化产业发展现状

韩国是全球第五大文化产业发展强国，文化产品成为韩国的第二大出口产业。在韩国文化产业中，游戏业、动漫业、影音业、传媒业等是核心产业，其中占主导地位的是游戏业与传媒业。韩国在《文化产业振兴基本法》中给出了文化产业的概念，即同文化商品的生产、流通、消费有关的产业，它涵盖的行业主要是广播、影视、出版印刷、游戏、印象、创意性设计、广告、动漫、演出、传统工艺品、卡通形象、传统服装、文物、多媒体影像团建、传统食品、互联网等。为大力扶持文化产业的发展，韩国政府陆续制定了《国民政府的新文化政策》《文化产业促进法》《文化产业发展推进计划》《文化产业发展五年计划》《电影产业振兴综合计划》《21 世纪文化产业的设想》等一系列政策法律法规。另外，政府设立了大量的文化产业专项资金，并积极号召民间资本和外资介入。在政府保驾护航下，韩国文化产业尽管发轫晚，却是厚积薄发。2019 年，韩国文化产业凭借 7.0% 的世界文化产品市场比重，晋升为全球第五大文化产业发展强国。韩国文化产业在 2019 年的市场总产值高达 138.5 万亿韩元。影视剧和游戏是出口国外最多的文化产品。韩国文化产品在 2019 年的出口额接近 102.5 亿美元，并已超过家电、电池、显示器面板等主流产业，成为了韩国的代表性出口产业①。

---

① 对外投资合作国别指南 韩国（2022 年版）. 商务部国际贸易经济合作研究院，ht-tp：//www. mofcom. gov. cn/dl/gbdqzn/upload/hanguo. pdf.

6.4.2 韩国文化产业的金融供给

韩国文化产业起步较晚，政府设立了大量的文化产业专项资金，并积极号召民间资本和外资介入，实现了韩国文化产业的逆袭。

第一，政府财政鼎力扶持文化产业发展。韩国当局在财政预算上鼎力扶持文化产业，财政拨款由 2000 年的 1 万亿韩元上升到 2014 年的 4.34 兆亿韩元，通常文化部门能够获得的财政预算约占总预算 5%，仅次于国防与教育的支出。韩国还先后发布了《文化产业振兴基本法》和《文化产业促进法》，进一步完善了《影像振兴基本法》和《广播法》配套法律条文，拟定了《文化产业发展推进计划》和《21 世纪文化产业的设想》等战略规划，从而构建了一套综合政府资助、投资组合、基金会、税收优惠政策为一体的财政金融系统。缘于政府的"庇护"，韩国的景福宫、科技馆和博物馆才得以收取很低的门票，并且老人与学生是免费的，甚至在重大节日全民均可免费观光。

第二，政府积极引导市场资金进入文化产业。韩国成立了一系列专项基金为文化产业的成长保驾护航，比如出版基金、文艺振兴基金、电影振兴基金、文化产业振兴基金和信息化促进基金等。在此基础上启动母基金融资模式，基本模式是政府对母基金提供资助，再由母基金向投资基金注入资金，最后投资基金向文化企业出资。截至 2016 年 3 月，这些投资基金在 973 个文化项目上共投资 7,000 亿韩元，破解了中小文化企业的融资难题。①

第三，投入巨资构建文化产业人才培养机制。韩国政府专门建立"文化产业人才培养委员会"以拟定文化产业的人才培养计划，借助院校建设加大文化实用型人才的培养力度。100 余所高校均设立了文化产

---

① 对外投资合作国别指南 韩国（2022 年版）．商务部国际贸易经济合作研究院，http：//www.mofcom.gov.cn/dl/gbdqzn/upload/hanguo.pdf.

业学本科专业，90多所研究生院开设了与文化产业有关的研究生课程。韩国充分借助大财团力量，如暴雪游戏公司韩国分公司向韩国奖学财团捐助6亿韩元设立专项奖学金。这种政府主导和企业联动培养人才的模式，为韩国文化产业奠定了扎实的基础。

6.5 国外文化产业金融供给的启示

通过对目前文化产业比较发达的美、英、日、韩4个国家的金融供给分析发现，其金融供给方面的先进经验可总结为政府财政大力扶持、完备的文化产业投融资体系、重点支持中小文化企业发展、专业的文化产业金融人才体系和研究力量。

其一，政府财政大力扶持。国外文化产业首要的资金来源就是政府财政。比如纽约市政府通过专门的政府机构，向文化产业注入公共资金；伦敦市政府通过动用公共基金补充私人投资缺口的方式直接介入文化项目投资；首尔市政府逐渐提高文化产业方面的财政预算；东京市政府也不断强化投资力度，关注中小文化企业融资。同时，政府还应当为文化产业融资提供必要的政策和信息支持。如纽约市政府借助立法手段促进文化产业融资；伦敦市政府热情引导文化企业与个人从政府、金融部门及相关基金会获取资金补助。

其二，完备的文化产业投融资体系。美、英、日、韩4个国家重视对文化产业的政策扶持力度以及财政投入，并建立了完善的文化产业投融资法制环境。因为知识产权等无形资产是文化产业间接融资的主要抵押物，所以，知识产权的法律保护力度是评估投资风险的一个关键指标。这恰好是创建良性的文化企业法律生态环境与推进文化产业成长的首要外部条件，通过强化企业本身"内部环境"的完备，构建完善的现代企业制度。此外，各国依靠有效措施积极引导大量的社会资本流入文化产业。对于文化产业而言，资本市场是一条最佳的融资路径，可以通过 IPO、债券融资、风险投资、组合融资等方式吸纳更多的社会资金。

其三，重点支持中小文化企业发展。作为创意产业的主体，中小型文化企业的生产方式和工业化大生产方式大相径庭，拥有效率高、适应性强及灵活性大等特征，但是，因为中小文化企业没有良好的业绩和雄厚的资产用于抵押，阻碍了它们获取商业银行贷款，所以，中小文化企业是金融供给的重点对象。如纽约设立了纽约市经济发展公司与联邦中小企业管理局（SBA），鼓励和扶持中小企业融资；伦敦出台了专门的中小文化企业扶持计划，向中小型企业贷款基金注入 870 亿英镑；东京市政府搭建了中小型企业融资债券平台，同时对中小型文化企业采取多元化的融资和融资担保制度。

其四，专业的文化产业金融人才体系和研究力量。文化金融是一个相对较新的学科，涉及艺术专业知识和专业的金融经济背景，对于这方面人才的培训，国外已经做到始终紧贴市场需求，以最好的人力资源匹配需求。美国在艺术经济市场及金融方面有超过 50 年的学术研究，作为全球艺术经济发展排名第一的体系，在市场投资、鉴定评估，系统骨架、体制、管理、监管、管理系统等方面已有很高的水平，其中对市场体系、投资、社会行为、环境、成功要素、张力的分析对中国艺术市场在未来的发展将有极大的参考作用，中国作为全球艺术成交增长最快的国家，需要发展出更为完善的学术研究基础。

6.6　本章小结

本章分析了世界主要国家金融支持文化产业发展的现状，美国、英国、日本及韩国等典型国家的经验为我国文化产业金融供给侧结构性改革提供了借鉴。从文化产业发展的金融供给实践体系来看，发达国家凭借自身金融体系的基础雄厚和先进性，对文化产业发展有较为深入和系统的支持。无论是以市场为主导的美国和英国，还是以政府为主导的日本、韩国，其文化产业的发展需要政府财政资金支持、重点扶持中小企业、完备的文化产业投融资体系、专业的文化产业金融人才体系和研究力量。

第7章

文化产业发展的金融供给侧
结构性改革总体思路

　　当下，从国家"供给侧结构性改革"战略的需要到广大民众的迫切要求，皆对文化产业的发展寄予厚望，要实现文化产业又快又好发展，急需金融供给侧结构性改革，来促进金融供给与文化产业融合发展。根据前面的理论分析以及实证研究表明，文化产业金融供给有效供给不足，供给结构失衡，供给效率低下，其根源还是在于：金融技术创新不足、财政投入不够、金融体系结构发展迟滞。为了疏通资金流通渠道，调整资金配置结构，营造健康的资金流通氛围，需要对症下药。本章从金融技术创新、制度创新、结构优化及财政扶持等角度提出文化产业发展的金融供给侧结构性改革思路，使文化产业的金融供给效率从根源上、整体上得到有效提升，引导资金投向文化产业。

7.1　基于金融技术创新供给改革策略

　　从实证研究结果来看，金融技术创新水平不高是导致文化产业发展的金融供给效率低下的重要原因之一。金融技术创新作为经济发展的一个重要命题，可以说，金融技术的变迁、创新、进步是经济增值和发展的核心组成要素。金融体系的技术创新有利于增进企业的资金经营效率、减少支付风险、节省交易时间、提高社会金融资源的配置效率。与此同时，金融体系的技术创新又依靠科学和管理技术的进步，通过改进与创新金融系统交易方式、服务模式和技术装备等方面来降低金融体系的交易成本。而金融技术工具和产品创新、金融业务流程创新构成了金融技术创新。鉴于此，为了提高文化产业金融供给效率，应从金融技术工具和产品创新、金融信息化建设等方面着手推进适宜文化产业特质的金融技术创新。

7.1.1　金融技术工具和产品创新

"轻资产"和"高风险"是现阶段国内文化产业发展的两大突出特质。因此，当前要针对文化产业发展的特点和行业差异，踊跃开发出更多的符合文化产业特性的金融技术工具和产品，增强金融供给的专属性和适应性，从而加速文化产业与金融产业的契合。

7.1.1.1　开发各类债券融资工具

2018 年至今，伴随着债券融资在企业融资中的比重逐渐扩大，文化产业作为新常态下经济发展的重要力矩，让越来越多的投资者对文化企业"垂涎三尺"，这为文化产业丰富融资渠道供应了良好的政策和环境土壤。对仍不符合上市标准的文化企业而言，企业债券是它们的不二选择，它既能实现社会资金的投资诉求，又能满足企业本身的融资欲望。文化企业通过债券进行融资，能够有效提高资产流动性，降低融资成本，但目前国内文化产业中的企业债券发行规模较小，评级不高，流通性也比较差。国内债券市场应结合文化产业发展中金融资金需求的特点，进一步简化相关发行程序，放宽资金使用范围，提升文化企业债券的流动性，提高投资价值。同时，根据文化产业发展的特点，应鼓励文化产业项目收益债和 PPP 融资模式。从 2014 年下半年开始，国家发改委和财政部共同推出了 PPP 政策以及操作指南，倡导构建 PPP 项目库和相关发展基金，号召发行项目收益债和专项债券。PPP 模式和项目收益债有助于增强民间资本活跃性、多元化投资主体、提高市场化运营效率、分散风险。以振兴文化产业为纽带，不仅能够开阔 PPP 的合作层面，也能为企业家提供引导作用，与此同时，将专项文化和项目作为基础，发行项目收益债和专项债券，从而缓解文化企业的融资压力。

7.1.1.2　发展知识产权融资工具

2019 年至今，国内供给侧结构性改革为金融机构开发知识产权金融产品提供了良好机遇。金融机构开展的知识产权融资工具涵盖了知识产权信托融资、知识产权质押融资、知识产权证券化等产品。文化产业与传统产业相比，可用于抵押贷款的固定资产或有形资产较少，而知识产权往往是文化企业的重要资产，著作权、版权和专利权等与其有关的价值评定、资本运作理所当然成为文化产业金融方面工具创新的关键突破口。像演出业、影视业、出版业、动漫与网络游戏业等高品牌价值和无形资产充足的文化企业，不妨提高授信额度，增加知识产权在抵押物中的权重。在知识产权质押融资上，建议完善国内当前的知识产权质押融资制度，优化知识产权质押登记流程，开设科学的知识产权评估系统，实现文化产业内的知识产权的有效质押；金融机构在知识产权质押开展上，要根据文化产业发展的金融需求，尽快出台知识产权详细操作制度和实施细则，聘请专业权威机构参与知识产权质押融资中，防范知识产权质押业务风险，通过担保、增信等方式缓释知识产权质押风险。知识产权信托指的是知识产权所有者通过转移知识产权给受托人以实现自身知识产权的产业化及商业化，再由受托人代为管理、处理和经营的一种法律关系。通常知识产权所有者与受托人签署书面契约后，联合办理信托注册手续，转让信托标的物，受托人根据资源优势对知识产权进行运营后，二者分配收益，文化产业补充了资金。这种方式能够降低企业知识产权运营成本，降低融资成本，提高资源利用效率，吸收风险资本，实现产业化。知识产权证券化指初始权益人把流动性差，却在将来有稳定、可预期现金流的知识产权资产，借助结构设计让渡给某一特设机构（special purpose vehicle，SPV），SPV 再对资产收益与风险进行拆分和重组，以后续现金流为保障，向投资者销售一种用于交换和流通的证券来实现融资。其中 SPV 应根据投资者及知识产权资产状况，对知识产权采取一系列措施，比如内部信用评级、公布信用评级、增加信用等级等，SPV 向投资者发行知识产权证券（ABS）收取的使用费，应存入托管人账户，由托管人为投资者支付本息。知识产权证券化能够发挥文化产业的核心优势，规避传统融资渠道，突出了差异化融资优势，降低了融资成本，转嫁了知识产权贬值风险，使得文化企业的知识产权未来收益提前变现并迅速获得资金，促进文化产业竞争力提升。

7.1.1.3 运用融资租赁金融工具

在文化产业发展的金融供给中，融资租赁是快速有效地降低文化产业融资成本，为文化产业发展提供有效金融供给的工具。文化企业的融资租赁，具体指文化企业与金融机构签署租赁合同，金融机构挑选好租赁标的及供货单位，由金融机构向供货单位采购租赁标的，文化企业在租期内拥有租赁标的的使用权，并向金融机构支付租金的金融工具。在租期内，金融机构享受租赁标的的所有权，文化企业行使的使用权，融资租赁通常租期较长，不可解除合同，租期结束后，文化企业对租赁标的拥有留购、续租或退租三种选择。融资租赁能使得文化产业迅速获得所需资金，无须固定资产抵押，成本相对低廉，并且能够得到相关税费支持，融资较为便利，限制条件较少，租赁方式也比较灵活，租期、支付方式均可变更，同时避免了通货膨胀的影响，降低了企业成本。当文化企业有一定的版权等知识产权时，可以选择将知识产权出售给金融机构，然后回租使用，解决资金问题。总之，融资租赁有助于解决文化产业发展中的资金问题，从而推动文化产业发展，因此要大力开发适合文化产业发展的融资租赁工具。

7.1.1.4　推动文化资产证券化工具

从 2012 年对资产证券化重启开始，其正逐步趋于常态化，以 2016 年 6 月为一个节点，银监会主管的资产证券化发行总额高达 3,538 亿元，共 95 单，并且呈快速增长的发展态势。[①] 2016 年后由金融机构发起的资产证券化，是对那些流动性较差的资产实行评估以及增信后，售卖给 SPV 资产池并且包装成能够与资本市场买卖的债券化产品。美国债券化发展是从不动产方面的房抵押贷款开始，然后把金融、文化资产打包成证券化资产投放到资本市场买卖，从而加大金融机构对企业的扶持力度。具有代表性的，比如英国的 EMI 唱片公司和美国的电影产业都成功进行了债券化的转变，从而营造出金融部门、投资人和文化项目发起人共赢的局面。然而，国内文化产业缺少专业的资产证券化机构，政策方面应该积极倡导成立 SPV 和增信等专业机构，以及促进专业评估，同时致力于文化企业的推荐事务，并且鼓励可打包资产证券化。

7.1.2　加强文化金融信息化建设

7.1.2.1　打造文化金融综合信息服务平台

因为没有一致的资信、信用等配套服务系统，文化企业、政府、金融机构之间存在严重的信息不对称，难以达到资源的有效配置，所以，

---

① 中央结算公司 . 2016 资产证券化发展报告［R/OL］. 中央结算公司官网，https://www. ccdc. com. cn/cpfw/zqmagazine/gq_zz/A146375859/A146596204/A146597312/202307/P0202 30716142822175081. pdf.

构建文化产业综合信息服务平台显得尤为迫切。政府上传政策信息到该平台，金融机构、文化企业依据各自诉求寻觅相应优惠政策，从而提高政策资源扶持文化产业的效用。具体而言：

一是建设文化企业征信体系。文化企业因先天缺陷，在萌芽、发育阶段，无法有效评价，故有必要连续追踪文化企业的信誉和信用。文化企业征信体系连接"互联网＋"，动态刷新文化企业信息，即时变更信用记录，可进行网上查询和公开，对信用差的文化企业采取曝光、处罚、关门倒闭的方式。

二是建立文化企业信用风险评级体系。信用评级指第三方机构对企业债务偿还、综合能力进行的客观评价。该体系有助于投资者熟悉和研究文化企业。衡量基本标准包括是否为备选库中企业、市场份额、运营项目能力、所处行业位置、公共关系、核心产品竞争力、公司治理结构、市场定价能力、财务指标、人才储备等内容，实行综合测评，观察其是不是拥有核心竞争力与发展潜力。

三是建立文化企业优秀项目候选库。筛选出经营业绩好和信誉高的文化企业入库。当选流程应按照"公开、公平、公正"原则，入库企业具备优先权利享有金融资源、财政资金、政策优惠，一旦出现违规行为，应快速清理出库，做到优胜劣汰。

7.1.2.2　创建文化金融供给侧结构性改革大数据平台

由于文化产业缺乏抵押物、知识产权评价制度不健全等原因，解决文化产业成长过程中信息不对称问题，成为提升其有效金融供给的关键。大数据平台结合了当前的大数据处理技术，把政府工商、税务、海关、不动产信息、人行信用信息、企业相关信息纳入平台中，将文化产业发展中的知识产权、资金、厂房等生产要素与金融供给侧结构性改革的银行信贷资金、政府财政资金、担保机构、信用信息、金融专家服务等生产要素进行有效整合，让文化产业与金融之间信息透明化，甚至可评估化；大数据平台可以为金融机构设计文化产业金融产品提供有效的数据支撑，也降低了金融机构获取文化产业数据信息的成本。比如现阶段金融机构借助文化产业纳税数据设计"银税合作"类产品时，不得不支付一大笔获取税赋数据的费用，而这些开支往往都转嫁给有金融需求的文化企业，无疑加重了文化企业的负担。因此，政府可牵头建立大数据平台，或成立相关金融数据公司，相关政府数据提供部分参股入股份额，参与市场化机制运作，有关金融企业如果有需要可以通过购买数据自行设计自主产品，同时也可在一定程度上打破国内文化产业的金融约束困境。

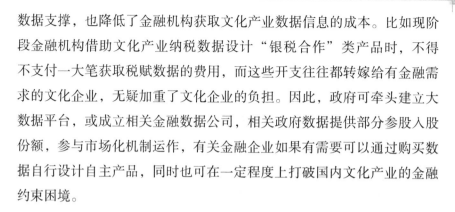

7.2　文化产业发展金融制度创新

影响文化产业发展的又一重要因素是金融体系制度运行和管理效率，而这取决于金融制度创新或供给资源配置效率的改进。可以说，金融体系的制度创新也是国内文化产业金融供给侧结构性改革任务的重中之重。美国是一个低储蓄率国家，却成为全球经济第一大国，离不开其灵活高效的金融运行制度和成熟发达的金融市场体系。由此，为促进我国文化金融的良性发展，亟须改革已有的金融管理体制与运行机制，进一步增进资源配置效率。当务之急，应着重加强股权投资机制创新，推动银行内部组织体系和机制创新，完善文化金融支持政策体系，使金融资源更多地流向文化产业领域。

7.2.1　推进股权投资机制创新

股权投资凭借筛选挖掘、规避风险、培育产业和扩大资本等诸多优势，成为初创期文化企业融资的首选路径。就目前来说，私募股权和风险投资以及天使投资的发展是必要的，因此要创建完备的股权投资链条，并对相关机制推陈出新，增进文化产业的股权融资的有效性和可能性。具体而言：

首先，继续摸索天使投资组织化以及联盟化机制，增强股权投资产业链的最前端。利用创建网络信息平台、周全的法律法规和政策、市场区域环境的不断优化等系列举措刺激天使投资的发展，积极倡导各专业方面有能力的人才踊跃进入天使投资的发展中，从而为某些相关企业提供支持。

其次，积极推动有关风险投资机制创新，让其在文化产业融资中彰显独有优势。政府和金融机构要解决风险投资的后顾之忧，为文化企业提供相应服务甚至担保，激励实力雄厚的企业积极开设风险投资公司，利用基金把项目与资本关联在一起。鼓励民营企业积极设立文化产业风险投资机构，以"高效融资、分散风险"的方式实现风险投资资金来源的多元化，为文化产业的发展提供资金支持和智力保障。

最后，鼓励私募股权投资基金的规范化经营管理。《证券投资基金法》应涵盖私募股权投资基金的注册、经营、监督管理等内容，确立其法律地位，使其规范性经营。要全面利用股权投资基金业的自律特征，推动股权投资基金从政府主导方式转换到市场化，不仅要维持市场活跃性，还要杜绝违规操作，让其充当提供增值服务和培育文化产业成长的孵化器。

7.2.2 推动银行内部组织体系和机制创新

商业银行依然是国内文化产业融资的主要渠道。因此，务必高度重视银行间接融资对文化产业的供给作用。当前银行在供给文化产业上显得力不从心，为解决这一难题需要加强风险补偿机制和制度创新以及调整银行信贷结构，发展与文化产业相关的绿色金融，从而增进文化产业转型升级的金融扶持力度。

首先，建立风险补偿制度，分散文化企业的信贷风险。对银行而言，应侧重创新，创建风险补偿机制以降低风险，要提高风险管理能力，而不是因信贷风险削减甚至不向文化企业贷款。对于融资规模较大的项目，不妨借助银行之间合作模式达到风险和利益共担的目的，对于风险较为分散的中小微文化企业，把它们放在一起考虑，对其项目贷款跟贷后风险控制采取集团化管理，这样不仅解决了中小微文化企业的燃眉之急，还能破解银行风险管理中的痼疾。

其次，构建针对企业实况的贷款审批模式。风险很小的项目，可开设"绿色通道"直接减少审批程序；信用贷款的信用评估可根据企业未来发展的规模及其稳定性尝试免评估；对于刚起步的企业，因为其风险较高的缘故，可运用利率水平调节引导信贷构成；对于"种子"企业，在享受同标准的前提下适当降低其贷款门槛。

最后，创新与健全信贷机制。银行需要不断增强对文化产业的熟悉程度和风险管理能力，推陈出新并健全信贷机制。比如，依照文化产业的金融诉求，银行内部可构建各部门之间的协调机制，彰显各服务部门共同支持的协同效应；银行总部和分行可适量放宽或下放业务服务、信贷审批、经营点等的权限，充分利用分行在地理、人际关系和信息等方面的长处，提高金融服务的专业性和针对性；要促成致力于文化产业金融服务相关的考评体系，倡导与文化产业发展相结合，侧重信贷风险管理，从而形成具有正向激励的相关机制。

总之，银行在供给侧结构性改革中，应根据国家"去产能、去库存、去杠杆、降成本、补短板"的供给侧结构性改革思路，优化信贷政策，提高金融资金使用效率，治愈文化企业"融资难"的顽疾，为文化产业提供适配性金融服务，并创新金融供给。

7.2.3　完善文化金融支持政策体系

文化产业的发展急需政府大力扶持。在美国，大到联邦政府、小到各市镇，都不同程度地供应拨款，以扶持文化产业建设与发展。为此，要进行文化产业的金融供给方面的改革，需要在政策上有所突破。

首先，创新金融政策。在文化产业示范园区创新金融管理政策，清除现有制度束缚，采取激励措施，积极带领区内金融资金全力投入文化产业建设中，成立文化企业专项基金，设立文化金融引导基金，优化金融资源配置效率。

其次，健全税收优惠政策。对文化产业税收优惠政策不一致的问题，急需整理合并已有法律法规、政策，拟定专项律例章程，详细解说税收优惠政策，搭建适宜的文化产业税收优惠政策系统。税收优惠政策应注重文化创新，向新兴文化创意产业倾斜，重点关注文化中心、文化创意平台、文化产业园区建设，积极倡导文化企业"走出去"，采取优惠减免措施，鞭策竞争力强的文化企业迈向国际舞台。

最后，完善立法。我国目前不仅缺少对文化产业金融支持方面的法律，对文化知识产权的保护力度也不够，这既损害了知识产权所有人的利益，削弱了文化创作的积极性，还为无形资产评估、版权质押等融资环境带来诸多不便，扰乱了对文化产品预期收入的估计。因此，应整理和分类审查现有文化产业相关法律，健全立法，尤其是加强知识产权保护的立法和执法。

7.3　基于金融结构的优化

资金错配是产生金融供给不足的症结。理论与实践表明，以银行为主导的金融组织系统无法满足经济持续发展的需求，而金融系统结构越多元化，市场构架越科学，储蓄转变成投资的可能性就越高。据此，发展与文化产业相匹配的多元化金融机构，健全多维度资本市场系统，丰富金融机构供给，既能巩固金融支撑实体经济的实力，又能提升文化产业金融供给效率，更能充分发挥现有金融体系的优越性。

7.3.1 发展与文化产业相匹配的金融机构

7.3.1.1 设立文化金融中小型金融机构

如果市场只允许大型金融机构，就会形成商业信贷方面的垄断市场或卖方市场。大型金融机构为了获取信贷规模效应或降低获取企业有效信息的成本，只为大型企业"锦上添花"，不向中小企业"雪中送炭"，导致中小企业融资难、融资贵。由此，要尽快建立针对文化企业金融服务的中小金融单位，便于专注文化产业领域，增强金融专业性，进行有针对性的信用交易，向文化企业提供专业性金融服务。鼓励发展科技银行，允许小贷公司转制村镇银行，组建有地方特色的小型金融机构专为文化产业服务，推行金融部门差异化经营，指导文化金融服务的发展方向，削减金融部门的信贷成本，增加文化企业贷款效率。

7.3.1.2 开设互联网金融机构

商业银行发展互联网金融业务可以极大降低商业银行运营成本，提升其资产报酬率，从而促进文化产业金融的有效供给，具体措施有：

首先，发展互联网银行。互联网银行是一个具备大数据运作、平台搭建、定制化服务、金融工具创新的新型银行。互联网银行的主要优势是其大数据的运作，大数据可提高风险量化能力，完善风险管理。互联网银行的优点还在于可根据客户偏好与需求定制目标，推进产品和服务创新，从而降低成本，并实现更优质化、定制化的客户服务。互联网银行的核心竞争优势是平台发展，通过平台搭建可以获取无风险的中间收益，并将货币市场与金融市场紧密融合起来，即将直接金融与间接金融联系起来，并通过金融工具的创新，为客户提供便捷、高效的服务。而文化产业发展前景良好，资金需求旺盛，结合互联网银行优势，极大地降低了成本、提高了效率，让更多优质的文化企业能及时获得更多的贷款和更好的金融服务。

其次，发展众筹金融服务机构。众筹是指将来自多方的零散资金集中起来，为一个具体项目供应资本。文化产业众筹参与者主要为文化企业发起人、项目支持人和互联网众筹平台，众筹模式有捐赠、奖励、股权、债券等形式，目前国内文化产业的众筹主要以股权形式为主。文化产业发展的众筹对于文化企业而言能够有效降低融资门槛，降低资金成本，甚至无资金成本；众筹还加强了发起人的信任关系反馈机制的积累，给文化企业创业者营造了一个良好的创新氛围，高度容忍项目失败，提高放款速度。国内大多数众筹项目不能给予孵化、创业、项目指导等中介服务，全靠项目发起人自己解决相关问题，金融供给侧结构性改革的方向是通过众筹为文化产业内的项目发起人提供一站式综合金融服务，提高众筹项目的转化成功率；此外，国内应健全众筹的相关法律制度，完善征信机制，通过第三方机构来监管众筹资金使用，防止通过众筹项目进行圈钱。

最后，发展共享创新金融机构。共享创新金融是指社会中组织或个人通过互联网金融平台将闲置物品或知识资源进行分享，促使文化产业获得专业性的低于边际成本的资金。闲置物品的共享类似于租代买，是物品资源的所有权与使用权分离，对文化产业而言，共享创新金融服务能够提升金融服务水平，提高金融资源利用效率，使得为文化产业服务的社会闲置资源得以激活，节约了文化产业发展中获取资源的成本。互联网社交平台或金融平台共享，使得文化产业发展系统中各要素，如资金需求者、资金供给者、中介咨询公司、技术公司等可在平台上发布需求，为文化产业注入技术、资金和人才等要素。通过共享经济为文化产业发展提供智慧金融服务方案，解决复杂融资问题，同时，组织或个人也可将知识产权或闲置的厂房、设备进行共享，提高资源利用效率。

7.3.2　完善多维度资本市场体系

文化上市公司流通股占比对文化产业金融供给效率具有正向效应，

而多层次资本市场制度的完善，有助于提高文化上市公司股票融资占比。不仅如此，多层次资本市场体系的完善在文化产业发展中"金融新供给创造、老供给改造"方面发挥着重要的作用。2016 年，时任总理李克强明确指出"要坚定不移地发展多层次资本市场"①，多维度的资本市场体系既有益于增加资本市场弹性，深化金融精准定位，降低资本市场运营的风险性，还能推动社会资本的良性循环，更能拓宽文化产业的融资渠道，指引资金注入文化产业领域。具体而言，可采取以下措施：

第一，激励非公有资本参与文化领域。要开拓投融资途径，创新文化产业投资机制，遵循"谁投资、谁所有、谁受益"的准则积极指导非公有资金参与文化产业，可灵活地采用多样化的投资模式，比如股份制、合伙制及个体经营，和国有资本达成协同合作、优势互补。

第二，引入投资基金。在文化企业的萌芽期、初创期及发育期，可积极设立文化产业天使基金，或者以政府为首、行业介入方式成立文化创业投资引导基金，借助优惠政策、政府补贴撬动风险资金和私募股权基金深耕文化产业领域。

第三，推动文化企业在创业板/中小板上市或进行新三板融资。上市融资是多维度资本市场的中心，也是培育文化企业使其迅速成长的最肥沃的土壤，务必充分发挥沪深和境外股票市场的功效。对处于发育期和成熟期，且拥有一定市场份额和效益的文化企业而言，通过补贴承销费用、上市奖励、减免税费等措施来鼓励其上市融资；积极培育潜在上市文化企业实行上市项目贮备；鞭策中小文化企业提前入驻新三板市场，为今后 IPO 做准备，形成上市梯队。

第四，广泛借助债券市场销售中小文化企业集合债券、项目收益债券。对经营效益高、未来现金流稳定、信誉好的文化企业，激励其出售

---

① 高梦蝶. 央广网 2016 年 3 月 16 日《李克强：不管市场怎么波动 都应坚定发展多层次资本市场》，http://news.cnr.cn/special/2016lh/zb/zljzh/zy/20160316/t20160316_521619562.shtml.

项目收益债券来获得资金；对竞争力不强、难以独立发债、规模小的中小微文化企业，依靠政府、行业协会牵线搭桥，采取外部增信方式来销售它们的集合债券，这将有利于应对企业因信用等级差、无法担负承销费用的困境，并适当降低发债利率下限，拓宽债券种类，破解文化企业债券融资不足问题。

第五，大力创建文化产业示范园区引导基金，开设文化产业 PPP 项目库。国家为支持地方文化项目快速成长，建立了文化产业示范园区，这既能彰显地方文化特色，又能充分释放文化集群效应。截至 2023 年，全国共有 34 家国家级文化产业示范园区，① 可以成立引导基金，期待民间资本进入文化领域。PPP 因其有利于充分发挥市场机制作用，提升公共服务的供给质量和效率，实现公共利益最大化，被视为是公共服务供给机制的重大创新。由此，可在国家发改委和财政部 PPP 项目库中设立文化产业 PPP 项目分库，出台特许 PPP 项目库政策。

第六，搭建文化企业信用担保体系。信用担保体系是深化我国文化产业发展金融供给侧结构性改革的基础性工作，对于提高信贷市场运行效率意义尤为显著。这一任务具有公共物品性质，需要政府牵头。因此需要建立大范围的多维度信用担保体系。一是要确保政策性信用担保的主导地位。通过建设政府风险补偿、激励机制和资本金补充机制，构造政策性信用担保为主、商业担保与互助担保为辅的多维度信用担保系统，应对文化产业抵押难、担保难的痼疾。二是鼓励满足标准的中小信用担保公司对中小文化企业实行保证服务，大胆摸索无形资产，比如专利权、版权、著作权和文化资源项目、销售合同等充当抵押担保的途径。三是要完善从省到市、县的三层担保结构，增加省级再担保机构的原始资本，加大文化产业融资担保力度，积极设立专门针对中小文化企业的信用担保机构，指引银行和担保机构协作。

---

① 曹玲娟，龚相娟，陈隽逸. 已有 34 家！国家级文化产业示范园区建设有哪些新看点 [N/OL]. 光明网，2023 – 06 – 13. https：//m. gmw. cn/2023 – 06/13/content_1303403946. htm.

7.4　基于财政供给角度的优化设计思路

财政资助既是文化产业资金最关键的源头，又是文化产业发展与产生良性循环的必要条件。美、英、日、韩等文化产业发达国家的财政供给已经具备成熟的体系，在产业立法、税收优惠政策以及直接扶持和间接补贴等方面积累了大量经验。为了实现文化产业的迅速成长，我们应在这些方面借鉴它们的先进经验，坚定不移地增强财政扶持力度，创新财政投入机制并实施适宜文化产业的税收优惠政策。

7.4.1　创新财政投入机制

7.4.1.1　创新投入方式

在公共财政的基本政策和财政供给范畴内，调整财政投入的结构，改革投入模式。继续增加财政在文化事业上的投入，不断提高动态投入比重，削减固定投入比重，更改财政投入方式，即由文化事业单位一般性投入方式转换为项目投入方式，提高文化产业资金的使用效率。同时，逐渐完善文化产业投融资体制，积极指引文化产业的多元化投资途径，如贷款贴息、资本金投入和无偿资助等，以此促进文化产业健康成长。

7.4.1.2　实行财政支持政策

首先，适量地放宽特许经营范围。为了满足大众的公共文化产品需求，对于那些需特殊对待的公共文化产品及服务，政府应将其纳入特许经营范畴；政府要确定运营能力差的公共文化单位的经营方向，并公开其公共文化项目承包书，以保证企业更顺畅地运转。

其次，创新国有文化企业的传统机制。政府指引国有文化事业单位脱胎换骨成自负盈亏的现代企业；鞭策它们采取国有资本控股等方式推行股份制改革，促进人才、资本及技术等要素跨地区、跨行业流通，实现企业规模化经营。在进行投资时，应实行市场自主调节机制，不搞地方保护主义，集约化经营分散资金，不要重复投资。

最后，推行区域文化差异化发展政策。由于我国文化产业区域发展不协调，其金融供给效率也不尽相同，这就要求充分发挥区域特色，积极推行差异化发展政策。针对东部地区资本市场发展较为成熟、市民对文化产品与服务的需求较大和消费能力较强的区域特点，主动利用政策的引导和自身优势，积极鼓励动漫、游戏、创意设计等新兴文化业态的发展；而中部地区拥有深厚的历史文化底蕴，文化资源丰富，如中原文化、湘楚文化、红色文化等，应结合自身文化特征，开发创新性、特色性的文化产品和服务；西部地区则可以利用其地理和生态环境优势，大力发展文化旅游业，打造西北边塞文化、西南民族文化等特色文化聚集区，以拉动文化产业及其他行业的发展。

7.4.2 加大财政投入力度

以财政投入撬动其他金融投资。关于文化产业的财政扶持，务必遵循中央培育文化产业的指导方针，利用示范和领导作用，扶持一批契合民族文化和文化群体方向的重大建设项目，主打文化龙头企业，孵化优秀文化品牌，此外，要关注文化产业的地方特色和民族风情，增进对基础文化项目的支持程度。

提高财政投入的评估与管理水平。应提高财政投入项目的管理水平，其重点是预算公开的问题，公开要向广度和深度发展，实现政府信息透明、公开，严格执行审查监督，构建具体的统计分析框架，针对每一个财政投入的文化项目，应实时把控投资规模、对象、资金出处、运营情况，并有效评估项目进展状况及效益，为日后财政支持文化产业计划提供参考。

转变财政扶持文化产业的模式。由单一的项目投资转为综合融资方式，以财政资金为支点，撬动民间资金、信贷资金、海外资金联合介入，增强文化产业的持久融资实力。凭借不多的直接投资，并辅助实行转贷、投资补助、贴息等措施，引导大量非公有资金流入文化产业。同时，政府的综合投资规划应接受重点文化产业项目，以实现财政投资的增值。

7.4.3 实施促进文化产业发展的税收政策

7.4.3.1 实行税金减免政策

考虑到文化产业的特殊性，可对其实行税收减免政策。主要包括：一是图书馆、博物馆、纪念馆、展览馆、文化馆、美术馆、书画院、文物保护单位等获得的门票收入免缴营业税。二是对于艺术院校、科研机构等非营利性单位在进口国外商品时，免征进口关税。三是对于广播影视、新闻出版发行等行业提供减免税政策。四是向国家特殊扶持的文化企业提供适当税收优惠政策。五是对于文化产品出口，采取出口退税政策。

7.4.3.2 推行税利返还政策

税利返还是一种特别的税收优惠政策，即先征收应缴纳税款，再按一定比例返还。当前该政策已在广播影视、音像出版、新闻报刊等行业执行，财政部门从这些企业所交的税收中拿出部分作为税利退回到相应文化主管部门，所退回的税金用于支持文化产业。税利返还也有其他用途，比如在保护传统文化艺术和民俗作品方面对有杰出成就的个人和集体单位给予奖励，或对创造出优秀文化艺术作品的个人和团体给予鼓励。

7.4.3.3　采取差别税率政策

所谓差别税率是指不同种类或社会价值的文化产品和服务的税率是不一样的。对具备创新精神的中小文化企业采用低税率；对契合国家先进文化发展方向的优秀文化企业，采用低税率，对通俗娱乐大众文化企业则实行高税率；在文化消费对象上，对经营性歌舞厅、会所及其他高消费行业征收高税率。在文化产业布局上，低税率适用对象是政府重点扶持的偏远贫困地区和少数民族的文化产品及服务。

7.5　本章小结

本章根据前面理论和实证研究形成的基本判断与结论，结合我国文化产业发展的金融供需矛盾，从金融技术创新、制度创新、结构优化及加强财政扶持等角度提出针对文化产业发展的金融供给侧结构性改革思路。具体而言，通过创新金融技术工具和产品（开发各类债券融资工具、知识产权融资工具、融资租赁金融工具、文化资产证券化工具等）和加强金融信息化建设等渠道来推动适宜文化产业特质的金融技术创新；从股权投资机制创新、银行内部组织体系和机制创新、金融扶持政策体系等方向推进金融制度创新；有针对性地发展与文化产业相匹配的多元化金融机构，比如建立文化金融中小型金融公司、互联网金融公司，构建多维度的资本市场系统，以丰富金融组织体系和优化金融结构；从改革财政投入机制、加大财政投入力度、实施促进文化产业发展的税收政策等方面着手优化财政支持途径，推动文化产业发展。

第8章

结论与展望

8.1 结论

本书以文化产业发展的金融供给侧结构性改革为主题，以产业发展理论、金融发展理论、供给侧结构性改革理论等为理论前置，对文化产业发展缺乏金融供给的现状、问题和原因进行了探索与剖析，实证考察了我国文化产业金融供给的效率，借鉴国外文化产业金融供给的先进经验，并通过金融技术创新、制度创新、结构优化及加强财政扶持等途径，提出适合我国文化产业发展的金融供给侧结构性改革模式。本书的论证和结论如下：

第一，阐述了文化产业的定义、分类及特征，并界定了本书文化产业研究的范围；分析了文化产业的金融需求特征；从投融资渠道单一、文化与金融缺乏联动、文化企业先天弱质、金融中介服务缺位、财政投入力度不够、法律法规及政策制度建设滞后等层面，探讨了现阶段我国文化产业的金融供给问题，发现金融供给不足、供给结构不合理、金融供给效率不高是导致文化产业需求与金融供给不匹配的症结，认为供给侧结构性改革不仅仅是文化产业、金融等某一方面的参与，而是多元化主体的合力，并指出我国文化产业的金融支撑体系亟须供给侧结构性改革。

第二，从文化产业整体发展规模、文化新业态、公共文化设施、文化"走出去"等方面，考察了我国文化产业发展的现状；从金融政策、财政投入、银行、股市、债市、基金、保险、信托、产权交易等角度，阐述了国内文化产业的金融供给现状，论证了我国金融供给体系已不能有效满足文化产业需求，且供给结构不合理、金融供给效率不高等问题。

第三，采用我国 2010 ~ 2016 年 60 家文化上市公司面板数据，构建 DEA 中 Malmquist 模型，从动态视角对我国金融供给文化产业整体、细分行业及不同区域的效率进行了分析与评价，结果表明：2010 ~ 2016 年我国文化产业金融供给的总体效率不高，主要由于技术进步水平偏低，说明文化金融供给端总体效率提高更依赖于金融技术创新。同时，纯技术效率和规模效率的双重提升有益于促进技术效率的提高，说明不仅要着眼于金融体系的体制机制改革和管理效率的提升，还要考虑合理的发展规模。文化产业金融供给效率表现出行业的异质性，2010 ~ 2016 年文化专用设备生产业和文化休闲娱乐业的金融供给总体效率表现为上升趋势，广播电视电影业、新闻出版发行、文化艺术业、文化创意与设计业、文化信息传输业的金融供给总体效率是下降的，这是因为技术水平低下，文化用品生产业和工艺美术品生产业金融供给总体效率下降最明显，其原因是技术进步与技术效率的同步大幅下跌，说明金融系统的资源配置功能和技术创新功能都没有充分施展。我国不同区域文化产业上市公司金融供给效率也存在差异性，西部地区文化上市公司的金融供给效率增长最快，主要源于技术效率的提高，东部地区次之，其技术进步下降显著，表明金融技术创新不足严重掣肘了该区域金融供给效率的提高。中部地区文化上市公司的金融供给效率最低，主要原因是技术效率偏低和技术水平落后，说明中部地区金融体系发展潜力发挥不足，金融的弱化使得金融供给侧的资源配置功能和技术创新功能均未有效释放。

第四，分析了国外文化产业发展的金融供给实践体系，包括美国、英国、日本及韩国等典型国家，并从政府资金支持、重点扶持中小企业、完备的文化产业投融资体系、专业的文化产业金融人才体系和研究力量等多方面总结了实践经验。

第五，为我国文化产业发展的金融供给侧结构性改革提出对策建议。通过创新金融技术工具与产品（开发各类债券融资工具、知识产权融资工具、融资租赁金融工具、文化资产证券化工具等）和加强金融信息化建设等渠道来推动适宜文化产业特质的金融技术创新；从股权投资机制创新、银行内部组织体系和机制创新、金融扶持政策体系等方向推进金融制度创新；有针对性地发展与文化产业相匹配的多元化金融机构，比如建立文化金融中小型金融公司、互联网金融公司，构建多维度的资本市场系统，以丰富金融组织体系和优化金融结构；从改革财政投入机制、加大财政投入力度、实行促进文化产业发展的税收政策等方面着手优化财政支持途径，推动文化产业发展。

8.2　展望

供给侧结构性改革实践方兴未艾，文化产业的金融供给侧结构性改革仍处于发轫阶段，理论研究也甚少。本书将文化产业发展与金融供给侧结构性改革相连接，是一种拓展性和尝试性研究。限于本人所收集的文献资料和知识，本书还存在一些不足。

一方面，囿于相关数据的可获得性，关于我国文化产业金融供给效率的实证分析是不全面和较为粗略的。一是鉴于已有文献，整理和筛选了量化指标，然而仍需进一步考证更全面的指标体系；二是实证分析中以文化类上市公司为研究样本，不能完全和精确地衡量整个文化产业的现实状况；三是文化产业发展与金融供给本身就是一个复杂体系，涉及因素颇多，难以精准量化和描述二者的关系。

另一方面，从整体上研究文化产业与金融结合的问题，未能细化到每个行业。文化产业是一个总体概念，囊括了很多行业，不同行业之间差异很大。本书立足共性与一般性视角，着重探讨了整个文化产业金融供给问题，后续的研究可以考虑每个具体行业发展的异质性，细化到某一或某些行业，分析其金融供给问题。

参 考 文 献

［1］爱德华·肖.经济发展中的金融深化［M］.上海：上海三联书店，1988.

［2］安迪·C. 普拉特.文化产业［M］.北京：中国人民大学出版社，2016.

［3］曹晶.商业银行支持文化产业发展问题探讨［J］.农村金融研究，2012（01）：11-16.

［4］常晔.金融支持文化产业发展问题研究［J］.经济研究导刊，2009（12）.

［5］陈明师，黄桂钦.供给侧改革：文化产业转型升级的路径选择——基于福建省文化产业发展实证分析［J］.发展研究，2016（10）：65-72.

［6］成刚.数据包络分析方法与 MaxDEA 软件［M］.北京：知识产权出版社，2014：200-203.

［7］迟树功.将文化产业培育成支柱性产业的政策体系研究［J］.理论学刊，2011（01）：43-46.

［8］冯志峰.供给侧结构性改革的理论逻辑与实践路径［J］.经济问题，2015（12）：14.

［9］付大巧.促进文化产业发展的金融支持体系研究：宁夏举证［J］.开发研究，2012（05）：142-145.

［10］高志强.文化产业的经济学诠释［J］.现代商贸工业，2017-07-25.

[11] 何丹，燕鑫．金融支持科技创新效率实证分析 [J]．统计与决策，2017（10）：166-168.

[12] 侯英．文化产业金融支持体系创新研究 [J]．经济问题，2016（03）：80-85.

[13] 胡鞍钢，周绍杰，任皓．供给侧结构性改革——适应和引领中国经济新常态 [J]．清华大学学报（哲学社会科学版），2016（02）：19.

[14] 花建．文化金矿——全球文化产业投资成功之谜 [M]．深圳：海天出版社，2003：39-69，128-135.

[15] 贾康，苏京春．探析"供给侧"经济学派所经历的两轮"否定之否定"—对"供给侧"学派的评价、学理启示及立足于中国的研讨展望 [J]．财政研究，2014（08）.

[16] 贾旭东．文化产业金融政策研究 [J]．福建论坛（人文社会科学版），2010（06）：41-51.

[17] 姜龙范．东亚社会合作：以中日韩三国的发展为例 [M]．北京社会科学文献出版社，2021.

[18] 焦斌龙．新常态下我国文化产业供给侧结构性改革的思考 [J]．经济问题，2017（05）：10-14.

[19] 金禅智．韩国文化产业的发展及其对中国的启示 [D]．北京：对外经济贸易大学硕士论文，2006.

[20] 科林·克拉克．经济发展的条件 [M]∥载宫尺健一．产业经济学（第2版），东京：东洋经济新报社，1987年.

[21] [瑞典] 克纳特·维克塞尔．利息与价格 [M]．蔡受百，译．北京：商务印书馆，1959.

[22] 李海霞．日本文化产业战略思想及其启示 [J]．现代日本经济，2010（06）.

[23] 李华成．欧美文化产业投融资制度及其对我国的启示 [J]．科技进步与对策，2012（07）：107-112.

[24] 李萌，杨扬．经济新常态下战略性新兴产业金融支持效率评价及影响因素研究 [J]．经济体制改革，2017（01）：129－135．

[25] 李毅．文化产业供给侧结构性改革的着力点和现实路径——以国产电影为切入点 [J]．开发研究，2016（06）：15－19．

[26] 刘丹萍．推动文化投融资体制改革，促进首都文化创意产业发展 [J]．首都经济贸易大学学报，2006（02）：67－70．

[27] 刘光溪．供给侧管理与结构性改革的特殊及现实意义 [J]．中共中央党校学报，2017（01）：105－113．

[28] 刘曦，杨航，黄丽鲱等．金融支持文化产业发展的中美比较研究 [J]．金融发展评论，2016（03）：35－45．

[29] 刘友芝．我国文化企业的多层次直接融资模式探析 [J]．浙江大学学报（人文社会科学版），2013，43（03）：125－133．

[30] 刘玉珠．金融支持文化产业发展的现状与展望 [J]．中国金融，2011（22）．

[31] 龙怒．云南省文化创意产业发展的金融支持研究 [J]．云南社会科学，2012（02）：27－31．

[32] 陆岷峰，张惠．文化产业大发展的金融支持系统研究 [J]．江西财经大学学报，2012（02）：26－34．

[33] 马军伟．我国金融支持战略性新兴产业的效率测度 [J]．统计与决策，2014（05）：153－155．

[34] 马克斯·霍克海默，阿多诺．启蒙辩证法 [M]．上海：上海人民出版社，1994．

[35] 麦金农．经济发展中的货币与资本 [M]．上海：上海三联书店，1988．

[36] 欧培彬．产业投资基金支持文化产业发展研究 [D]．武汉理工大学博士论文，2009．

[37] 彭忠平、聂勇．广西文化创意产业发展的金融支持研究 [J]．广西民族大学学报，2013（07）：133－135．

［38］齐骥.文化产业供给侧结构性改革的要素与行动逻辑研究［J］.东岳论丛，2016（10）：15 – 21.

［39］祁述裕.中国文化产业国际竞争力报告［M］.北京：社会科学文献出版社，2004.

［40］钱纳里.工业化和经济增长的比较研究［M］.北京：格致出版社，2015.

［41］乔桂明，刘泌清等.文化产业的金融支持与服务创新［M］.苏州：苏州大学出版社，2013.

［42］乔海曙，杨蕾.论金融供给侧改革的思路与对策［J］.金融论坛，2016（09）：14 – 20.

［43］仇保兴.小企业集群研究汇［M］.上海：复旦大学出版社，1999.

［44］［芬］芮佳莉娜·罗马，陈雪莲.以盎格鲁 – 萨克逊方式解读文化产业［R］.世界文化产业发展前沿报告（2003～2004），2004.

［45］石曦.文化产业保险发展的制约因素与对策［J］.中国经贸导刊，2015（02）：8 – 11.

［46］［澳］斯图亚特·坎宁安苑法.从文化产业到创意产业：理论、产业和政策的涵义［R］.世界文化产业发展前沿报告（2003～2004），2004.

［47］孙爱军，蒋或，方先明.金融支持经济发展效率比较——基于 DEA – Malmquist 指数方法的分析［J］.中央财经大学学报，2011（11）：34 – 39.

［48］孙斌.金融支持文化产业发展中面临的问题及建议［J］.金融经济，2008（06）.

［49］孙伍琴，朱顺林.金融促进技术创新的效率研究——基于 Malmuquist 指数的分析［J］.统计研究，2008（03）.

［50］陶君道.金融支持甘肃省文化创意产业发展问题研究［J］.甘肃金融，2010（05）：12 – 17.

[51] 滕泰. 更新供给结构、放松供给约束、解除供给抑制——新供给主义经济学的理论创新 [J]. 世界经济研究, 2013 (12): 3-8.

[52] 涂丹. 新业态下文化产业的供给侧改革与调整 [J]. 学习与实践, 2016 (05): 128-134.

[53] 汪保健, 肖瑞林. 提高银行信贷资产质量亟需新思路——银行债权交易的经济价值分析 [J]. 上海金融, 2002 (08).

[54] 汪洋. 我国文化创意产业发展与投融资支持—陕西文化创意产业现状调查引发的思考 [J]. 中国党政干部论坛, 2010 (01): 6-9.

[55] 王朝才, 张学诞, 程瑜. PPP 推进中面临的难点及相关建议 [J]. 中国财政, 2016 (15): 29-31.

[56] 王朝才. 财政经济形势与财政改革 [J]. 财会研究, 2014 (06): 5-6.

[57] 王继华. 文化强国战略的哲学意境 [N]. 文汇报, 2012-3-12.

[58] 王认真. 中国省域金融支持文化产业发展空间影响分析 [J]. 江西财经大学学报, 2015 (01): 3-11.

[59] 王淑珍. 文化产业供给侧改革问题探讨——以酒泉市为例 [J]. 甘肃金融, 2017 (01): 22-24.

[60] 王宪明. 推进文化产业发展的金融支持机制研究 [J]. 国家行政学院学报, 2011 (06): 68-70.

[61] 王旭章. 区域性的主导产业市场选择、集聚和扩散 [J]. 铁道师院学报, 1998 (05).

[62] 威廉·配弟. 政治算术 [M]. 北京: 商务印书馆, 1999.

[63] 巍鹏举. 我国文化产业的融资环境与模式分析 [J]. 同济大学学报 (社会科学版), 2010, 21 (05).

[64] 西蒙·库兹涅茨. 各国的经济增长 [M]. 北京: 商务印书馆, 1985.

[65] 熊正德, 丁露, 万军. 文化产业上市公司股权融资效率测度

及提升策略——以《倍增计划》为视角［J］. 经济管理，2014（08）：109－116.

［66］熊正德，李兰，廖然．金融支持对文化产业发展的影响——基于省际面板数据的实证分析［J］. 湖南社会科学，2014（05）：116－120.

［67］熊正德，林雪．战略性新兴产业上市公司金融支持效率及其影响因素研究［J］. 经济管理，2010（11）：26－33.

［68］熊正德．我国文化产业发展战略思考：基于文化软实力视角［J］. 湖南大学学报（社会科学版），2013，27（05）.

［69］徐洪才．供给侧结构性改革中的金融角色［N］. 上海证券报，2016－02－18.

［70］徐明亮．发达国家金融体系支持创意产业发展的举措及启示［J］. 浙江金融，2011（02）.

［71］徐鹏程．文化产业与金融供给侧改革［J］. 管理世界，2016（08）：16－22.

［72］闫瑞华．文化产业金融支持模式比较分析［J］. 合作经济与科技，2012（08）.

［73］杨涛．从供给侧改革看金融结构优化［J］. 浙江经济，2016（04）：12－13.

［74］杨甜娜．供给侧结构性改革中推进金融创新的研究［J］. 经济研究导刊，2016（11）：128－129.

［75］杨媛玫．金融支持文化产业发展的策略选择［J］. 西部金融，2013（08）：62－63.

［76］伊特韦尔约，等．新帕尔格雷夫经济学大辞典［M］. 1987.

［77］尹世杰．关于发展文化产业的几个问题［J］. 经济科学，2002（05）.

［78］余晓泓．美国文化产业投融资机制及启示［J］. 改革与战略．2008（12）：153－155.

［79］约瑟夫·熊彼特．经济发展理论［M］．北京：商务印书馆，1990.

［80］张惠．基于供给侧改革的投贷联动机制研究［J］．湖北经济学院学报，2016（14）：34-35.

［81］张立波、杨英法．我国文化产业发展的资金短缺问题及其破解［J］．中国商贸，2009（05）.

［82］张松梅．金融支持青岛文化创意产业发展的实践与思考［J］．青岛农业大学学报，2010（02）：45-48.

［83］张伟、周鲁柱．我国文化产业投融资存在的问题及基本对策［J］．现代传播，2006（04）.

［84］张欣怡，张学海．金融支持文化产业发展的国际经验与启示［J］．云南社会科学．2014（02）：107-110.

［85］张卓元．结构性改革是适应经济转型的主动选择——评《转型闯关——"十三五"：结构性改革历史挑战》［N］．光明日报，2016-02-24.

［86］赵继梅、孙建．中外文化产业发展比较研究［J］．合肥工业大学学报（社会科学版），2012（03）：96-100.

［87］赵健伯．文化产业发展对地区经济增长的影响及其金融支持［J］．中国商论，2016（35）.

［88］钟韵．关于中小文化产业融资问题的分析研究［J］．中国外资．2011（17）：81.

［89］朱尔茜．文化产业发展的金融支持效益——基于省际面板数据的实证研究［J］．现代管理科学，2015（12）：88-90.

［90］朱尔茜．政府文化产业投资基金：基于公共风险视角的理论思考［J］．财政研究，2016（02）：104-112.

［91］兹维·博迪，罗伯特·C.默顿，戴维·L.克利顿，曹辉译．金融学（第2版）［M］．北京：中国人民大学出版社，2010.

［92］Andrew L. S. Goh. Evolution of industrial policy-making in support of innovation: the case of Singapore [J]. International Journal of Innovation and Learning, 2001, 3 (1).

[93] Bassett K, Griffiths R, Smith I. Cultural Industries, Cultural Clusters and the City: the Example of Natural History Film-making in Bristol [J]. Geoforum, 2002, 33 (2): 165 – 177.

[94] Bird Stevens. Toward an emergent global culture and the effects of globalization on obsolescing national cultures [J]. Journal of international Management, 2003.

[95] Charles Atlantis. Adventure capital market: lessons from the American experience [J]. Journal of Financial Economies, 2001, (10): 209 – 217.

[96] Chenery, H. B, Sysquin, M. Three Decades of Industrialization [J]. The Word Bank Review, 1989, (3).

[97] Christian Jansen. The Performance of German Motion Pictures, Profits and Subsidies: Some Empirical Evidence [J]. Journal of Cultural Economics, 2005, 29 (3): 191 – 212.

[98] Cliff Goddard. The Languages of East and Southeast Asia [M]. Oxford University Press, 2005.

[99] David Hume. A Treatise of Human Nature [M]. 1732.

[100] David Throsby. Economics and Culture [M]. NewYork: Cambridge University Press, 2001: 96 – 118.

[101] Florida R. The Rise of The Creative Class Revisited [M]. NewYork: Basic Books, 2012: 35 – 48.

[102] Goldsmith, R. W., 1969, Financial Structure and Development, New Haven: Yale University Press.

[103] Haans R. Expected job creation across the cultural industries: A sectoral division and its implications for cultural policy [J]. International Journal of Cultural Policy, 2018, 24 (1): 45 – 67.

［104］ Hellmann T, Murdock K, Stiglitz J. Financial restrain: towards a new paradigm ［M］. New York: Oxford University Press, 1997: 163 – 207.

［105］ Hellmann T, Murdock K, Stiglitz J. Deposit mobilization through financial restraint ［Z］. Working Paper, Stanford University, 1994.

［106］ Hoffman W G. The growth of industry economies ［M］. Manchester: Manchester University Press, 1958.

［107］ Hsihui Chang, HiuLamChoy, WilliamW. Cooper, TimothyW. Ruefli. Using Malmquist Indexes to measure changes in the productivity and efficiency of US accounting firms before and after the Sarbanes – Oxley Act. Omega 37 (2009): 951 – 960.

［108］ James M. Buchanan. An Economic Theory of Clubs ［M］. Wiley, 1965.

［109］ John Fiske. Investments: analysis and management ［M］. Beijing. China Machine Press, 2007, 325 – 390.

［110］ Joseph Stiglitz. Externalities in Economies with Imperfect Information and Incomplete Markets ［J］. The Quarterly Journal of Economics, 1986, vol. 101, issue 2, 229 – 264.

［111］ Keane M, Ryan M D, Cunningham S. Worlds Apart? Finance and Investment in Creative Industries in the People's Republic of China and Latin America ［J］. Telematics and Informatics, 2005, 22 (4): 309 – 331.

［112］ Keynes, John Maynard. The General Theory of Employment, Interest, and Money ［M］. 1936.

［113］ Klepper S. Entry exit, growth and innovation over the product life cycle ［J］. American Economic Review, 1996, 86: 562 – 583.

［114］ Kretsehmer. Private – Sector Finacing Considerations for Brownfields ［J］. Environmental regulation and permitting, 1997, 6 (3).

［115］ Lerner Josh. Venture CapitalistS and The Oversight of Private Firms ［J］. The Journal of Finance, 2012, 50 （1）: 301 - 318.

［116］ Lindahl. Just Taxation: A positive solution ［M］. 1919.

［117］ Malul M. A Global Analysis of Culture and Imperfect Competition in Banking Systems ［J］. International Journal of Financial Services Management, 2008, 3 （2）: 124 - 135.

［118］ Neitzert E. Global Culture Industry - By Scott Lash and Celia Lury ［J］. The British Journal of Socionlogy, 2008, 59 （2）: 379 - 380.

［119］ Ngo Thang Loi. A study on relationship between cultural industry and economic growth in Vietnam ［J］. Management Science Letters, 2019, 9 （6）: 787 - 794.

［120］ Patrick, H. T. Financial Development and Economic Growth in Underdeveloped Countries ［J］. Economic Development and Cultural Change, 1966, （14）: 179 - 189.

［121］ Paul Samuel Sen. The Pure Theory of Public Expenditure ［J］. Review of Economics and Statistics, 1954, 36 （4）: 387 - 389.

［122］ Payne Giles. Financial contracting Meets the Real World: An Empirical Analysis of Venture Capital Contracts ［J］. Review of Economics Studies 2002, 1 - 35.

［123］ Richard Musgrave. The Theory of Public Finance ［J］. American Economic Review, 1959, 49 （5）: 1018 - 1029.

［124］ Roodhouse Simon. Cultural Quarters: Principles and Practice ［M］. Intellect, 2010.

［125］ Ross, L. Financial development and economic growth. views and agenda ［J］. Economic Literature, 1997 （6）: 688 - 726.

［126］ R. vernon, International investment and international trade in the product cycle ［J］. Quarterly journal of economics, 1966, 80 （2）: 190 - 207.

［127］ Shihong Zeng. Study on Financing Efficiency of China's Cultural Industry ［C］. International Academic Workshop on Social Science （IAW – SC – 13）. Paris：Atlantis Press，2013.

［128］ Show，E. Financial Deepening in Economic Development ［M］. Oxford University Press. 1973.

［129］ Stephen E Siwek. Copyright Industries in the U. S Economy：The 2011 Report ［R］. International Intellectural PropertyAlliance，2011.

［130］ Theodor Adorno，Max Horkheimer. Dialectic of Enlightenment ［M］. Stanford UP，1947.

［131］ Throsby. Economics and Culture ［ M ］. Cambridge University Press，2001.